推移的存在論

推移的存在論

アラン・バディウ
近藤和敬・松井久訳

水声社

わたしが「推移的存在論」と呼ぶのは、存在としての存在の学、つまり純粋な多の理論と、現れの学、つまり実際に現前した諸々の宇宙の一貫性の論理とのあいだで折り開かれる存在論のことである。これは思想のひとつの軌跡であり、この小さな本はその目印のいくつかを示している。

アラン・バディウ、一九九八年四月

目次

プロローグ　神は死んだ　13
第1章　今日の存在の問題　33
第2章　数学とは思考である　50
第3章　超限－存在としての出来事　68

第4章　ドゥルーズの生気論的存在論　74
第5章　スピノザの閉じた存在論　89
第6章　プラトン主義と数学的存在論　112
第7章　アリストテレス的方向づけと論理学　128
第8章　論理学、哲学、「言語論的転回」　137
第9章　トポス概念についての初等的注解　149
第10章　論理学についての初等的な暫定的テーゼ　154
第11章　数の存在　162
第12章　カントの減算的存在論　174

第13章　群、カテゴリー、主体　187
第14章　存在と現れ　203
訳注　227
解説　近藤和敬　241

凡例

一、本書は、Alain Badiou, *Court traité d'ontologie transitoire*, Éditions du Seuil, 1998 の全訳である。

一、（ ）による挿入は、著者によるものである。

一、〔 〕による挿入は、訳者による補足である。

一、原文のイタリック体による強調は、本書では傍点を付した。ただし、ラテン語、ギリシャ語、ドイツ語のイタリック体による一部の強調は、「 」で括った。

一、原文では著者の引用には文献情報が付いていなかったため、訳者によって可能な範囲で調査し、確定できたものについては各引用の末尾に訳注において示した。本文中で文献情報が明示されており、容易に特定できると思われたものについてはそのかぎりではない。

プロローグ　神は死んだ

「神は死んだ」という定式において神とはいかなるものの名であるのか。わたしたちはこの点にかんして、何らかの明証性がわたしたちにとって存在すると想定することはできない。実際に神が死んだのだとして、自分の墓そのものがもはや誰にも気づかれなくなった石、泥にまみれた石でしかなくなってしまった死者に起こるように、「神」という名で問題になっているものの記憶が埋もれ、散り散りになり、ほったらかしにされているのかもしれないだけに、ますますそのような想定はできないのだ。しかもこれこそが「神は存在しない」という理論的定式と、「神は死んだ」という歴史あるいは事実にかんする供述のあいだにあるまったくの違いなのだ。正方形の辺と対角線のあいだの比となることのできる有理数は存在しないと述べられるように、定理の形をとる最初の定式が想定しているのは、神とは概念であり、絶えず証明可能である〔神の〕非実在の定理が、その意義をよみがえらせる、ということだ。反対に、「神は死んだ」と述べることは、神を固有名とすることである。高祖父カジミール・デュボワについて、かれは死んだと述べたとしても、「カジミール・デュボワ」なる閉じられた連辞のもとにおかれた生ける特異な無限について、かれの死を除けばおそらくは何も知られてはおらず、いずれにせよ何も理解されてはいないのと同じである。

神は死んだと想定するならば、はるか以前より神は死んでいたと必ず主張しなければならないだけに、問題はより深刻である。おそらくは聖パウロによる布教の直後から、神のたったひとつの真の生であったもの、つまり死――生物学的な客観性としての死ではなく主体の形象としての死――に刻まれた唯一の決定的な勝利であるキリストの復活を死たらしめることが始められる。いずれにせよ、ルネッサンスは生ける神に、神話上の神々とも疑われる多性を重ねる。しかしこの点について後にルナンは、これらの神々は偉大な古典芸術のうちに言われるほどあらわには現前しておらず、死せる神々が微睡《まどろ》んでいる紫布によって包まれていた、とまさに述べることになる。神が死んだのがルネッサンスではないとしても、ガリレオ、あるいはデカルトにとって、宇宙とは数学的なものの物質的なグラフのようなもの[1]であり、宇宙こそが神を実無限という超限数学的な点 ponctualité transmathématique のうちに固定したのだ。かくして神は文字通りの死においてのみ生きることになる。あるいは、啓蒙期の哲学者たちにとって、政治は厳密に人間だけに関わる実践的な内在であり、そこからは全能なるものの摂理という仕掛けに訴えることが必然的に排除される。またあるいはカントールこそが、神を無限という場所から追い出し、無限という場所に数と計算をおきいれるのである。おそらく神は長らく死に瀕しているのだが、わたしたちは何世紀も前から次々と形をかえながら、神をミイラ化することにいそしんできたのだ。

こういうわけで、その名の下に横たわるものについての問いは曖昧さを増していく。神の名の機能を〈父〉の機能と一致させたとしても、わたしたちにことが明晰になることはありえない。フォイエルバッハはすでにキリスト教の神とその道具立て全体が、家族構成とそれを作り上げる象徴体系の投影にすぎないと主張していた。しかしかれがそう主張できたのは、神がすでに死んでいたか、あるいはすでに死に瀕していたからにすぎない。神についてのこの主張は、神の死と、その名で生きていたものの忘却の過程から生じたと述べておこう。神の機能を〈父の名〉nom-du-Pèreの機能に帰着させることは、〈父〉という唯一の固有名の下に、そして学知の理想の下に生ける神の特異性を取り除くひとつの方法にすぎない。

「神は死んだ」という定式の射程について述べれば、そこにこそ決定的な点があるということだ。それは単純であると同時に難しい。つまり「神は死んだ」と肯定されるならば、そのとき語られる神はかつて生きていたのであり、生の次元に属していたということになる。ある概念、象徴、意味作用についてであれば、それらはもう使われなくなった、あるいは矛盾している、無効だ、と述べることができる。しかしそれが死んだと述べることはできない。まさにこういうわけで原初的な象徴作用の論点のもとで神の問題を理解しようとするあらゆる試みは、神は死んでいないのだと、それどころか不死であるのだと結局のところ結論することになる。

この視点からすると、精神分析は神の問題とのあいだに、最終的には両義的となる関係を保っている。フォイエルバッハにしたがって、精神分析が神を欲望がピン留めされる諸機能のうちのひとつがもつ崇高な名であるとするかぎりにおいて、精神分析は学のうえでの死を超越にもたらすことを追い求めている。しかし精神分析がこの機能の安定性に目印をつけ、どんな主観的構成であれこの機能を根本的に省くことができないとするかぎりにおいて、精神分析は神に、その想定された死の内側から、前例のない概念としての永続性を保証する。その経験的な証拠として、フランソワーズ・ドルトやミシェル・ド・セルトーといった卓越した才能ある多くの精神分析家たちが、フロイトへの回帰と宗教的信仰のあいだに、むしろ何らの形式的矛盾をもみなかったことが挙げられよう。たしかにラカンにたいして聖職者の自己満足を疑ってみることはできないとはいえ、それでもなお宗教と手を切ることはまさしく不可能であるとラカンが主張していたことと、このことはまったく同じである。

さてこの点について、わたしの確信は逆である。わたしは、「神は死んだ」という定式を文字通り受け取る。これは起こった、あるいはランボーが言うように、これは過ぎ去った。神は終わった。宗教もまた終わった。そこには、ジャン゠リュック・ナンシーが強く主張したように、不可逆なものがある。それについて重要なことは単に、神が死んだなどということはまったく起こっておらず、宗教はなお繁栄しており、あるいは今日言われるように宗教は回帰しているとさえ人がきわめてたやすく信じることができるということが、どのような主観的な機構と結びついているのかということを理解することであろう。しかし違うのだ。何も回帰などしていない。亡霊を信じる必要などはない。死者は孤独のうちに忘れ去られ、無名墓地のなかで所在なげに漂っているのだ。

ただしわかるように、いかなる復活もなく死ぬことができたのは生ける神のみであると措定するという条件の下で、そうなのである。では生ける神とは何か。生ける神とは、あらゆる生き物がそうであるように、他の生き物どもがそれとともに生きていかなければならないものである。この死を宣告された神の、その最後の擁護者のひとりであるパスカルは、このことを見事に理解していた。死にうる神は、デカルトの概念的な神、つまりは無限の代用品、そして数学的真理を数学的存在に縫合するもの、あるいは偉大なる〈他者＝異〉として判断を保証するものではないし、またそうではありえないのである。それはイサク、アブラハム、ヤコブの神、あるいはパスカルにかれの内的なオリーブ山の園で直接語り掛けるキリストでなければならない。生ける神は常に誰かの神である。その神から、イサク、ヤコブ、パウロ、あるいはパスカルといった誰かが生きる力を、その力が主観的に発揮される純粋な現在において分有するのだ。この生ける神だけが本来の意味での宗教的な確信を育む。主体はあたかも現在において経験される力と関わるかのように、この神と関わらなければならない。この神は出会われるのでなければならないのだ。しかも自分自身から出発して出会われなければならない。死にゆく神の遅れてやってきたもう一人の擁護者であるキェルケゴールが、情動から絶望を浄化して次のように述べるとき、かれの神についても同じことが当てはまる。「自我は、それ自身との関係のなかでそれ自身になりたいと願い、自らの透明性を介して、自らを措定した力に身を沈めていく」。神は死んだということは、神はもはや実存がそれ自身の透明性を介して身を沈めていくときに出会うことのできるこの生ける何ものかではないということである。そして新聞記事上で誰それがある木の下やある地方の礼拝堂で神と出会ったと明言するとしても、このことをまったく変えることはない。というのも、わたしたちはいかなる思考であれ、そのような出会いから思考する権利を主張できないことを知っているからだ。亡霊に出会った人にたいしては、症状が現れていることの実証的な考察を加える以上のことがないのと同じである。

この意味で、宗教は死んだ、そしてその権力が届く見かけの範囲に宗教が姿を見せたときでさえ、それは死が遍在している追悼の個別的な症状になっているにすぎない、と明言しなければならないのだ。残存しているのはもはや宗教ではなく、劇場である。劇場でのみ、たとえば『ハムレット』のように、亡霊はある実効性の見かけを身にまとうからである。時には血が流れることもあるこの劇場でわたしたちに表象されるのは、もはや誰もいささかの観念さえもっていない生ける神がもしも死んでいなかったとしたら、宗教がどのようなものになりうるのかと想像することを可能にするものである。

生ける神が、したがって宗教が現実に死んでいるというモチーフにたいするありふれた反論の源泉が二つ存在している。ひとつは意味の理論であり、もうひとつは伝統完全保存主義 intégrisme と呼ばれるもので、宗教的なものが回帰する確信を支える役目を担っているものである。

わたしはこれらによる反論が的確であるとは思わない。

宗教の機能のひとつが、生にたいして、そしてとりわけその投射された影であり、また現実に起因するところの死にたいして意味をあたえることであることに疑いの余地はない。しかし、正確さを期すならば、あらゆる意味の付与が宗教的なのであって、つまりこの付与が生ける神を、それゆえ死ぬことが歴史的に可能な神を要求していると述べることはできない。

これについて決定的なのは、「神は死んだ」という定式のなかで「神」という語が命名するもの（この定式はこの語が宗教に触れる点である）と、同じ語が思弁的形而上学で命名するものを区別することである。近頃提出されたカンタン・メイヤスーの博士論文（『神的非実在』、公刊予定）の数多くの功績のなかのひとつは、きわめて独創的な存在論と倫理学上のねらいのもとで、形而上学の神が常に、宗教の生ける神に対峙する合理主義者がもつ武器の枢要な部品であったと示したことである。

なぜなら、パスカルがデカルトに反論したように、実際のところ形而上学にふさわしいのは、死せる神、すでに死んだ神、あるいは常に死んでいた神だけだからである。いかなる宗教も、理性にとらえられた精神をいくらか手なずけるために、その神とみずからが両立可能であると明言することを試みても、そのような神によって信仰を培い維持することはできない。そのような神は根本的に宗教と両立可能ではないのだ。というのも宗教が冒す危険とは、神とともに生き、神を生けるものにし、わたしたちがそれとともに生きようとすることだからであり、死をも含む生全体に意味を生み出すことだからである。これにたいして形而上学の危険はせいぜい、「神」という語の下にある概念の確かな一貫性を聴取しようとすることであり、またこの概念にしたがうことで真理が意味をもつことを保証しようとすることだけだからである。「神」という語は両義的である。すなわち、〔一方で〕神は生けるものとして生の全体的な意味を覆いつくし、〔他方で〕常にすでに死んだものとして諸々の真理の可能な意味を覆い隠す。神の目から見るならば、宗教は自らに生をあたえるものであり、形而上学が自らに死をあたえるものであるということは真である。

形而上学が神に死をあたえる。この偉大なる仕事はすでに古代ギリシャから華々しく始められていた。この仕事はたしかに、意味、むしろ意味の付与へと、あるいは意味の全体化へと整理されていくのだが、反哲学者であるキェルケゴールとは逆に、あらゆる情動と、この付与のなかに実存的に身を沈めることのすべてを省くことによって、ことにあたるのである。

この点で、アリストテレスの神は範例的である。自然学から考えると、この神は至高の不動の動者として、運動がもつ終極的な意味である。しかし、生とは永遠の休息＝静止でありうるというものがいるだろうか。これは死の定義そのものであって、アリストテレスの神が、関連する作用や主観的な関係によってではなく、神の卓越性がもつ目的化された魅力〔引力〕によって万物を動かすがゆえに、いっそうそうなのである。したがってこの神は、神が動かす諸事物にたいして完全に無関心にとどまる。この無関心で不動な永遠が生きていると宣言できるものがいるだろうか。さて、この同じ神を形而上学から考えると（問題になるのが別の神ではないと仮定したうえで。ただしそれについて誰が知っているというのか）、この神は純粋な現働態であり、自分自身を思考する以外に可能な役割をもたないことがわかるだろう。この神には、それが何であれ自分自身の純粋性以外のものを思考することにかんして容認しうる理由をまったくもたないのだ。そこにもまた、意味の付与が存在している。というのも、あらゆる質料から切り離され、至高なる仕方で自らの完全性にのみ結びついたある知的な作用者を想定するときにはじめて、質料と形相、あるいは現働態と潜勢態からなる不可解なほどに特異な合成物としての実体の理論を仕上げることができるからである。なぜなら、現働態あるいは形相であるこの特異化の原理が、絶対的な特異性、自らの現働態にくみ尽される現働態、あるいは完全に分離された形相として最終的に交付されるのでなければならないからである。「神」という語は、理論を仕上げるこのような操作にあたえられた名である。

しかもこの仕上げはある証明という形で、つまり神の実在証明という形で意味を組織化しようと心がけるのだが、このような神の実在証明は神の生の証言とまったく逆のものである。形而上学の神は証明をとおして実在するという意味を生みだすのにたいして、宗教の神は出会いをとおして生きるという意味を生みだす、と述べておこう。

その帰結として、宗教の神の死は形而上学の神の運命の問題をそのまま残すことになる。形而上学の神は、生とも死とも何ら関係をもたない。形而上学の神は生の観点から、したがって宗教の観点から見た場合、神が完全に死んでいることを意味している。同様に意味が問題であるがゆえに、神の死という結果がもつ還元不可能性は、生ける神にかんするあらゆる主観的な仮定が全面的に排除された操作でもって事足りている。思うにこのためにハイデガーはニーチェの「神は死んだ」という命題について、キリスト教にたいする呪いや激しい非難以上に、存在‐神‐論の形而上学的図式の脱構築（これはいまだ来たるべきものであるのだが）となるとは考えられなかったのである。実際のところ、これらは二つの異なる問いである。というのも、宗教的なものがそれとして消失したとしても、それとともに機械的に、形而上学的なモチーフが消失するということではまったくないからである。形而上学的モチーフは、形而上学の神がある原理しか命名していないがゆえに、厳密に言ってその死に到達しえない以上、宗教的な神よりも無限に抵抗力をもつのだ。

それゆえ、唯一、意味の陰謀だけが神の死の不可逆性にたいして反論すると主張することはできない。その起源から形而上学が証言しているように、〔意味のなかにはさらになお〕非生である意味があり、文学的な意味が、論証された意味があり、そして最終的には数学的な意味がある。宗教は意味を生ける神の手にゆだねるが、数学的な意味はこのような宗教の意味の割り当てと深い処で手を切っている。

　現代の伝統完全保存主義について、わたしはそれらを宗教的なものの回帰と考えてもどこにもたどり着かないと認めることになるだろう。それらは現代において形成されたものであって、わたしたちの時代の政治的で国家的な現象である。はっきり言って、でっちあげであり、宗教固有の平面においてはまったく非生産的であり、またそれらが自らに割り当てた空間、つまり権力の掌握の空間においても有害であるとずっと以前から指摘されてきた。実際のところ、慣習的に伝統完全保存主義と呼ばれているものは主観的な形式のひとつとして考えられなければならない。わたしとしては、まさに神は死んだと言表される際の、ひとつの主観のタイプである、と述べたい。このタイプはわたしが曖昧な主体と呼ぶものに対応する。というのも、この曖昧な主体が作動する真理命題は、抹消され、埋められ、無意識になることでしか、現働的にならないからである。結果として、この曖昧な主体は自分を構成するものに死をもたらすしかないからである。このことに驚くような精神分析家はいないだろう。そこから死を招くまがいものの宗教による絶望的で血なまぐさい主張が生じる。主観的には埋葬されたものとしてあるこの宗教の現実原則は、端から端まで、神は死んだというものである。この隠された明証性の劇場化は、神殺しの罪を犯したとみなされた人間たちの死という形で、この神の死を絶えず再生産することによって同時におこなわれる。この劇場化はまた、儀式と身体のマーキングの激昂に通じてもいるのだが、こういったことは生ける神の不安定さを前にした、公衆の外観を装った客寄せ芝居であるのが常であった。

ここで付け加えておくと、ヴェールの下に隠された女性の身体という規定と、商業的な流通のために提供された身体、ギュヨタなら、身売りに供された資本主義的な身体とでも述べるであろうような身体という規定のあいだには、同じ問題が循環している。〔かつて〕神の生きた眼にはすべての身体が晒され、神の掟にしたがって見えるものの取り分が振り分けられていたが、しかしその神が死んだ今、隠されたままにしておかなければならないものをわたしたちに言うのは誰なのか、という問題だ。女性の身体の場合、この身体はその全体としてとらえれば〈ファルス〉そのものであり、最大限隠すか、隠すことを最小限にするかによってこの問題に答えることができるのだが、だからといってそれによって求められていることが満足させられるということは決しておこらない。というのも今日、見せかけだけの宗教戦争のような有害な雰囲気のなかで、あらゆる真の宗教は不在であって、西洋のドレスの丈がはっきり短くなっていること――性感帯の発現である――と、厚い黒いヴェール――そこではもはや目だけが光っている――と〔の両方〕に、対称的な仕方で神の死を読み取ることができることを認めなければならないからだ。どちらの場合においても曖昧な主体ではあるが、それらの主体の現実、なんの手立てもなしに孤立しているその現実とは間違いなく、生ける神が死んだということである。

先に述べたように、形而上学の神が死んだと結論することはできない。この点については、わたしがハイデガーのアポリアと命名するものから始める必要がある。形而上学は存在‐神‐論であると、つまりそれは至高の存在者の問題による存在の問題の隠蔽であると規定するこの思想家が、どのようにして遺言となる宣言のなかで、ある神だけはわたしたちを救うことができる、と述べることになったのか。明らかにこれが可能となるのは、今一度「神」という語が両義的に機能する場合のみである。わたしたちを救うことのできる唯一の神は、西洋の形而上学において存在の忘却を濃縮する〈原理としての神〉ではない。まったく同様に認められるだろうこととして、このわたしたちを救うことのできる唯一の神は諸宗教の生ける神でもありえない。ハイデガーは、ニーチェとともに、ねじれた仕方ではあるが、この諸宗教の神の死を認めている。したがって要求されるのは、歴史的に死んでいる宗教どもの〈神〉と、形而上学の脱構築すべき〈神〉、つまり結局デカルト以降のヒューマニズムにおいて人間という名を名乗ることのできる神に加えて、第三の神、つまり異なる種類の神的な原理が思考にたいして提示されなければならないということである。

この神、これらの神々、あるいはこの神的な原理は実際に実在する。それらは、ロマン主義の、とりわけヘルダーリンの創造である。こういうわけで、わたしはそれを詩人たちの神と呼ぼうと思う。実際にはこの神のそばで生きることが問題になるとはいっても、この神は宗教の生ける主体ではないし、またこの神のそばで〈全体性〉の逃走する意味を見つけるのが問題になるとはいっても、この神は形而上学の〈原理〉でもない。詩人にとって、この神によってこそ世界の光り輝く魅力は存在し、〔反対に〕この神が喪失すれば世界はその生気を失い無為なものとなる。この〈神〉について、それは死んだとも、生きているとも、また疲弊し、飽和し、あるいは沈下した概念として脱構築できるとも言えない。この神についてその中枢をなす詩的表現は、次のようなものとなる。「この〈神〉は引きこもってしまい *se retirer*、世界を魅力の喪失に襲われるがままに放置した」と。

こうして詩の問題は後退＝引きこもり retrait の問題となるがゆえに、哲学の問題とも宗教の問題とも一致しないのである。

詩人の仕事とは、あるいはヘルダーリンが述べるように、詩人の勇気とは、引きこもってしまった〈神〉の思考を言語にもたらすと同時に、神の帰還の問題を、それについて思考することのできるもののなかで開かれている挿入節として考えることである。

本質的には詩の〈神〉との関係は、死せる神にたいする曖昧な関係がそうでありうるのとは違って、喪の類《たぐい》ではない。また、〈原理としての神〉にたいする哲学的な関係がそうでありうるのとも違って、全体性への批判や全体性からの概念的離脱のようなものでもない。それは厳密な意味でノスタルジックな関係である。つまり神々のありそうもない帰還によって世界が再び魅力を取り戻す幸運を、メランコリーのなかに求めるのである。

わたしたちはこうしてハイデガーのアポリアを考えることができる。存在－神－論の終わりを耐えしのぐと同時に、それでもなお神的な出来事の救済を期待しければならないとすれば、それは形而上学の脱構築とキリスト教の〈神〉の死の承認は、なお詩の〈神〉という幸運が開かれたままに維持するからである。またこういうわけで思考全体は、ある帰還の次元に、その帰還があたかも思考によって約束されうる振る舞いであるかのように依存しているのである。というのもハイデガーはドイツの伝統にそうことによって、ギリシャの神々を帰還しうる神の標章あるいは形象としているからである。

わたしが現代の無神論と呼ぶのはこのような措置との断絶である。もはや帰還するノスタルジックな神に、生ける神の死と形而上学の神の脱構築両方の清算金をゆだねることはしない。つまり、あらゆる約束と手を切るのだ。

　この無神論は、思考の仕事としてわたしたちが直面しているものである。というのも、今日でもなお神々の帰還という約束の力を、つまり世界が再び魅力を取り戻すための詩的‐政治的装置を維持しているものは、有限性の同意に基づくモチーフである。わたしたちの存在への開示が本質的に有限であること、つまりわたしたちの死すべき‐存在に常に戻らなければならないこと、このことからわたしたちは引きこもった意味のぼんやりとした希望を様々な形で維持するためだけに、生ける神の死を耐えているのだ。この引きこもった意味が神の死と「引き換えに到来すること」は排除されていないのである。政治の主観的宇宙でさえ、絶えずあるメランコリックな忍従によって備給されているのだが、意味の帰還あるいは無意味がより少なくなることへのぼんやりとした期待がこの忍従の基盤になっているのである。ある比類なき政治ならば、そのような政治的宇宙とは違って、その唯一性から逃れるのだと投票日まで信じさせることができるという陳腐な主張がなされる。ジョスパンはこの視点から見ると、詩人たちの神の疲弊した形である。

　それゆえ、神の死という不可逆な要素のなかで自らを静かに確立するためには、有限性のモチーフと手を切ることが必要なのである。このモチーフは宗教の神と形而上学の神のあとを詩の神に託す運動のうちにある、ある残存の痕跡のようなものである。

　この仕事はおそらく部分的には詩そのものの運命に関わる。詩の至上命令とは、今日それ自身の無神論を勝ち取ることであり、したがって言語の力の内部からノスタルジックな言い回しを、約束という構えを、つまりは〈開かれ〉へと向かうことが予言された運命を破壊することである。詩は有限性のメランコリックな番人である必要もないし、沈黙の神秘主義をすかし見せるスリットでも、またありそうもない始まりを占拠するものである必要もない。詩は、世界がありのままでできることの魅力に身を捧げるのであり、詩は不可能性の点そのものにおいて、不可視な可能性が無限に隆起することを見抜く。おそらくこういったことこそが、ラクー＝ラバルトによって詩が散文になることとして理解されることである。またおそらくこういったことこそが、ユディット・バルゾーが理解するところによればペソアの異名であるカエイロの詩によって、形而上学なき形而上学の旗印のもとにわたしたちに提案されるものである。つまり、引用すると「自分の詩の散文」を書くと宣言するカエイロである。このカエイロは神々にかんして次のように宣言する。「神々は生けるものでも死せるものでもない。どちらの場合もパトスの方向であまりにも多くのことをなお譲歩することになるだろう。神々は安らかにわたしたちと相互の無関心を保ち、眠っているのだ」。しかしいずれにせよ詩そのものが、少なくとも二〇世紀初頭から詩に固有の神を死なせてきたのであって、それはこれからもそうである。

哲学にかんしては、その仕事は有限性のモチーフと手を切り、有限性の解釈学的な護衛をやめることである。鍵となるのはおそらく無限を千年にわたる一者との共謀から切り離し、カントール以来数学がわたしたちを誘うように、多‐存在 l'être-multiple の平凡さへと返すことである。なぜなら無限と一者の縫合によってこそ、形而上学的な神の前提された超越が構築されるからだ。あらゆる超越が破棄されるときでさえ、わたしたちを被投性、「死への存在」、現実と有限性の恐怖といった一揃いの主題にわたしたちをつなぎとめる、生き延びた内主観的な痕跡によって糧にされているのは、まさにこの縫合なのである。

喜びをもって次のことを迎え入れなければならない。あらゆる状況の運命は集合の無限なる多性にあり、いかなる深みも決してそこでは確立されえず、多の等質性が強度の戯れにたいして存在論的に勝る。したがって、わたしたちはあらゆる有限性から錨を引き上げ、わたしたちの絶対的にフラットなすみかとしての無限へと住みつくのだ。こうして、出来事の廻り合わせ hasard によって、何らかの真理がその軌跡の終わりなき無限性にそってわたしたちを連れ去るときも、意味の探求はわたしたちにとってこの無限性の単なる数値化に、つまりペソアの別の変名であるアルヴァロ・デ・カンポスが存在の数学と呼んだものに還元されるのである。

わたしたちの時代が神々の帰還なき消失の時代であることに疑いの余地はない。しかしこの消失は三つの異なる過程に属する。というのも宗教の神、形而上学の神、詩人たちの神という三つの主要な神が存在するからだ。

宗教の神については、その死を宣言するだけでよい。問題は最終的に政治的なものになるが、そこでの問題はこの神の死の曖昧な主体化が引き起こす破壊的な結果に備えることである。その対策は、政治を国家権力の神秘から切り離し、〔政治を〕命令＝処方の純粋な主観性へと順を追って復元することしかない。というのも、死んだ神の幽霊的な権威は、国家のバラバラになった超自我に犯罪的な仕方で常に絡みついているのだが、これがいかなる経験や結果もともなうことのないまま意識のうえにとどまるからである。

形而上学の神については、形而上学の資源を任意の多性からなる延長全体に散種する無限の思考によって、その歩みを完遂させなければならない。

詩の神については、詩は詩の神の喪失と帰還の装置をそこにおいて中断させることによって言語の混乱を解消しなければならない。というのもわたしたちは何も失わなかったし、何も戻ってこないからだ。ある真理の幸運が補充されるとき、何かしらが突然現れる。とはいえ、ここに何かが突然現れたとしても、それは深みをもたず、他所ももたないのだ。

神々の三重の罷免を引き受けるのであれば、大地の無限なるすみかの住人であるわたしたちはすでに次のように述べることができる。「すべてはここに、常にここにある。思考の資源は、わたしたちに到来するものの、この上なく熟知され、はっきりと宣言された月並みな平等主義においてここにあるのだ」と。ここにあるのは諸々の真理になる場である。ここにおいてこそわたしたちは無限なのである。ここではわたしたちに起こることに忠実であることができること以外に、わたしたちには何も約束されていない。

この「ここ」を、わたしたちからきわめて離れた言語に生まれたために、他の誰よりもわたしたちの近くにいるチュヴァシ人の詩人アイギは、神の保証をもたないままに、この「ここ」がもつ代替不可能なものの栄光のための歌、まさに「ここ」と呼ばれる歌のなかで褒めたたえている。この歌のなかで、「ここ」が獲得されるのは、それがどこであれ、それがどのような名であれ、死せる神の影を探すのをやめるときだと歌われる。この歌のなかでは分光する無限性の過渡的な立場である人間の死さえもが、これらの無限の維持と歓待として思い描かれうる。レオン・ロベルによってフランス語に翻訳されたこの歌によって、わたしはこのプロローグを締めくくることにしよう。

ここでは、すべてが答え合う
原初の気高い言葉で
生の部分同士が答え合っているかのようだ
破壊しえない隣り合う部分同士が

ここでは、先端に
静まった庭で波打つ枝の先端に
樹液のぞっとするような塊を探すようなことはない
この塊は苦しむシルエットたちに似ている
不幸の夕暮れに、十字架にかけられた男を抱きしめるシルエットたちに

わたしたちは知らない
他より高貴なる言葉、徴なんて
まさにここでわたしたちは生き、ここでわたしたちは美しいのだ
まさにここでわたしたちは沈黙し、実在を乱す
しかし、実在との別れが過酷でも

生もわたしたちに加わってくれる
あたかもひとりでに
わたしたちには聴くことのできない新しい生が加わるかのように

わたしたちから離れても
水に映る灌木のように
生はすぐとなりにいるだろう
そして占領するのだ
わたしたちの場所を

人間の空間に取って代わることがないように
生の空間以外のものが
永遠に

以下に続くすべての議論の展開は、時折抽象的に見えるかもしれないが、神の死という晴れ間のなかで、「ここ」という言葉によって考えなければならないことについての省察として理解されることになる。

第1章　今日の存在の問題

哲学を存在の問題にあわせて整理しなおしたのがハイデガーの功績であることに疑いの余地はない。この問題の忘却の時代を命名したのもかれの功績である。そこではプラトンにおいてすでに開始されていたこの忘却の歴史こそが、哲学そのものの歴史なのである。

しかし結局のところ、ハイデガーにとって形而上学の弁別特徴とは何なのか。引きこもった存在の歴史として構想された形而上学の弁別特徴とはいかなるものか。プラトンの振る舞いが真理ἀλήθειαをイデアἰδέαの軛《くびき》につなぐものであることをわたしたちは知っている。思考可能なものの特異な現前であるところのイデアの裁断は、存在者を、存在が出現する最初の運動にたいして、あるいはその端緒となる運動にたいして優位に立つものとして確立する。こうして覆いをとり、露わにすることが、ある現前の固定に割り当てられるようになる。しかしもっとも重要なのはおそらく、この固定が存在者の存在を数えること、つまり一と数えることの資源に開示することである。

「存在するもの」を存在するものとしているものはまた、それが一となるところのものでもある。思考可能なものの規範は、一の潜勢力の下で特異な存在者を統一することであり、この規範、つまりこの一の規範的な潜勢力によって自然 φύσις としての存在が即自へと到来することが、あるいはそれ自体へと帰還することが取り消されるのである。存在者の存在を、それが何であるか quid の統一によって規定する何性 quiddité という主題が、本来的に形而上学の規範的潜勢力によって存在の入口を封印する。これによって、存在は存在者の優越へとその運命が定められる。

かくしてハイデガーは、以上の運動を「形而上学としての存在の歴史の計画」と題された注で要約する。この注は『ニーチェ』の第二巻の最後に翻訳されている。

> 何性の優越が存在者そのものの優越を毎回それがそうであるところのものへ導く。存在者の優越は共通なもの κοινόν であるかぎりでの存在を、一 ἕν によって固定する。形而上学の弁別特徴は決定される。統一する一性であるかぎりでの一は、存在の後の規定にとっての規範となる。

かくして一が規範的な仕方で存在を決定するがゆえに、存在は共通なものに、つまり空虚な一般性に還元されるのであり、存在は存在者の形而上学的な優越を耐え忍ばなければならなくなる。

それゆえ形而上学を、一による存在の臨検 arraisonnement と定義することができる。もっとも適切な形而上学の総合的な格率は、存在と一の相互性を規範と定めたライプニッツによってあたえられている。「一つの存在でないものは、存在 un *être* ではない」。

するとわたしの思弁的な論題の出発点は、次のような問いとして定式化することができるだろう。すなわち、存在を一の封印から解放し、一による存在の形而上学的な臨検を中断しつつも、だからといってハイデガー的な運命なるものに身を投じないこと、つまり救済者の帰還という根拠なき約束へと思考をゆだねないことは可能であるのか、というものである。なぜなら、ハイデガー自身にとって存在の歴史としての形而上学の思考は、ある知らせと結びついているからだ。「神だけがわたしたちを救うことができる」というこの定式が、同様にこの知らせの最終的な表現なのである。

思考を救うことはできるのか――あるいは思考は実のところ常に救われていたのだろうか。つまり一の規範的な潜勢力から救い出されていたのだろうか――、この救済のために神々の帰還の予言に訴える必要もなしに。

『形而上学入門』でハイデガーは「大地のうえに世界の暗がりが生じる」と宣言する。そしてかれはこの暗がりの本質的な出来事のリストを作成する。すなわち「神々は逃げだし、大地は破壊され、人間は群れをなし、凡庸なものが優位に立つ」。これらの主題は、形而上学を一がもつ過剰に規範的な潜勢力として規定することと一致する。

しかしもし哲学としての思考が、その設定がもとより分裂していることのうちに、つまり一の規範的な潜勢力を組織するのと同時に、この潜勢力に対抗する有効な手段を常々から組織し、この潜勢力の減算を組織してきたのだとしたら、次のように述べなければならない。常に世界の暗がり〔暗愚〕が生じるのと同時に、その明るみ〔開明〕もまた生じるのだ、と。その結果、神々の逃走は、人間によって神々に認められた有益な退場でもある。大地の破壊は、能動的思考に一致する大地の整備でもある。人間が群れをなすことは、大衆が歴史の舞台に平等主義的に介入するということでもある。そして凡庸なものの優位はマラルメが制限された行動と呼んだものの輝き、濃度でもある。

　すると次のものがわたしの問題となる。いかにして思考は存在から一の支配を減算するための常に変わらぬ努力をそれ自体で示すことができるのか。いかにしてパルメニデスが存在した一方で、デモクリトスも存在したということを調和させるのか。というのもデモクリトスにおいては、散種と、空〔ゼロ〕に依拠することによって、一からの離脱がおこなわれるからだ。いかにしてハイデガー的運命にたいして、ルクレティウスの偉大な人物像のように、この運命から明らかに自らを除外することを演じさせるのか。この人物像において、詩の潜勢力は、苦悶のなかで「開かれ」に助けを求めることなく、むしろ思考から神々のあらゆる帰還を減算し、多の堅固さのうちに思考を確立しようとする。ルクレティウスは思考に一の減算を直接突き合わせる。この減算は一貫性なき無限[1]であり、いかなるものもこの一の減算を一に取りまとめることはない。

ゆえにそれが場、広大な空間の本性である。
もし場と空間が時間に引きずられながら永久に滑り続けるなら、
きらめきはそれらの距離が縮まるところを見ることはないだろう
諸事物の巨大な貯蔵庫全体は開かれている
あらゆる方向に。

存在―神―論の歴史的制約、つまり臨検をおこなう一の潜勢力には決して折り畳まれないものにたいする忠実さといったものを現代において発明しなければならない、これがわたしのモチーフであったし、そうであり続けている。

それゆえ最初に決意したことは、存在について思考可能なものはラディカルな多、つまり一の潜勢力の支配下にない多の形式にあるとみなすことだった。この多をわたしは『存在と出来事』において、一なしの多と呼んだ。

しかし、この原則を保持することによって、きわめて複雑な諸要請に答えなければならなくなる。――第一に、純粋な多性、つまり存在の無制限な資源を一の潜勢力の減算として展開する多性は、それ自身で一貫することはありえない、ということである。実際、わたしたちはルクレティウスのように、多の展開は限界が内在することによっては制約されないと仮定しなければならない。なぜならそのような制約が、一の潜勢力が多それ自体の基礎となっていることを明らかにすることはあまりにも自明だからである。

それゆえ、存在を思考可能なものへと開示するものとしての多性は、一貫した限界の形象のなかにはない、と措定しなければならない。あるいは存在論は、もしそれが存在するのであれば、それ自体としては一貫性のない多性の理論でなければならない。つまり、存在論の思考に到来するのは、それがもつ多性という以外にはいかなる述語ももたない多であって、またそれ自身以外の概念をもたず、自身の一貫性を保証してくれるようなものをもたない多である。

――さらに根本的には、現実に減算的である存在としての存在の学は、その存在の学の内側から、一の無力〔無潜勢力〕を明らかにしなければならない。多が一を欠いていることは、単なる外的な反駁では満足できない。多そのものの一貫性を欠く合成のなかで、一からの離脱が示されるのだ。

この点の消えることのない困難を、プラトンは『パルメニデス』において、一は存在しないという仮説の帰結を検討したときに把握したのだ。この仮説は、ハイデガーによる形而上学の弁別特徴の規定から見たとき、とりわけ興味深い。では、プラトンはどのように述べたのか。第一に、もし一が存在しなければ、多の内在的な異がおのれからおのれへの停止点なき差異化になることが帰結することである。その驚くべき定式である「τά ἄλλα ἕτερα ἐστίν」を「異とは〈他者＝異〉である les autres sont Autres」と訳せるだろう。このとき、最初のもの〔ἄλλα〕は小文字の autres で、後のもの〔ἕτερα〕はいわばラカン的な大文字の Autres でもって訳そう[2]。一は存在しないがゆえに、異（他）は絶対的に純粋な多性、おのれの完全な散種としての大文字の〈他者＝異〉である、ということが生じる。一貫性なき多性という主題がここにある。

次にプラトンが示すのは、この一貫性のなさ〔矛盾〕[3]が、その後退の潜勢力にせよ、その非存在の潜勢力にせよ、想定されたあらゆる潜勢力の根源に至るまで、一を解体するということである。一のあらゆる見かけ上の開示はただちに一を無限な多性に分解する。引用しよう。

> 近くで明敏に思考するものにとって、一は存在せず、かれに欠如しているからには、それぞれの一は制限なき多性として現れる[4]。

言わんとしているのは次のことだけだ。つまり、一の形而上学的支配が減算されることで、多は、一によって合成される多として思考可能なものに開示されることは不可能だ、ということである。多は多以外によって合成されることは決してないと措定されなければならない。あらゆる多は、多の多なのである。

ある多（ある存在者）が多の多ではないとしても、減算を最後まで保持しなければならない。そのような多が一である、あるいは一から合成されるなどとは認められないだろう。そのような場合には、その多は不可避的に空からなる多なのである(5)。

減算的であるとは、多の欠如によって一があると認めるというよりも、多が欠如したときには何もないことを肯定することでもある。ここにおいて明らかに、わたしたちはルクレティウスを再び見出す。ルクレティウスは実際、原子による多なる合成と空とのあいだで、一にたいして何らかの第三の原理を割り当てることを認めなかった。

空と物体の他には、何も残っていない
いかなる本性の事物も
わたしたちの感覚できるような本性の事物も、精神が
推論によって発見できるような本性の事物も(6)

さらにこれこそ、たとえばヘラクレイトスの火のように、単一の原理からなる宇宙論にたいしておこなうかれの批判を組織するものである。ルクレティウスははっきりとわかっていたのだ。神々への恐れを減算することが、多の手前には何ものも存在しないということを要求することを。多を超えてなお存在するのは多だけであることを要求することを。

——最後に、減算に身を投じる第三の帰結は、多に、定義が存在しうると認めないということである。この点については、ハイデガーの学説がわたしたちを助けてくれる。定義を把握するのは、イデアの裁断のソクラテス固有のありかたである。定義の道は詩の命令に対立するが、それはまさに定義の道が言語そのもののなかに一の規範的な潜勢力を確立するからである。一は、定義の弁証法的な資源によって裁断され、あるいは切り離されるかぎりにおいて、存在のうちで思考されるだろう。定義とは、存在者の卓越の確立の、言語的な様態なのである。

定義によって、あるいは次々と限定を加える弁証法的な道によって、存在の多-開示 exposition-multiple に至ると言い張るときには、実は一の形而上学的な潜勢力のうちに最初から居座ってしまっているのである。

それゆえ一なき多、あるいは一貫性なき多の思考は定義の道をふさいでいるである。

存在論は困難な道にいる。というのも、どのような条件で多がそのような多として認識されるのかを決して述べることができないままに、純粋な多の思考可能なものを開示しなければならないからである。この否定的な義務を明らかにすることさえできない。たとえば、思考は多に捧げられていて、多の内因的な多性以外のものには捧げられていない、と述べることはできない。なぜならこの思考はすでに、ハイデガーが限定する規範に訴えることによる存在の制限の過程と呼ぶものに入っているからである。かくして一が回帰することになる。

それゆえ多を定義することも、この定義の不在を明らかにすることもできない。「多性」という名は、一にしたがって多性という名が指示するものについて述べるためであれ、これもまた一にしたがってこの名が指示することができないものについて述べるためであれ、どこであれ言及されることはない。本当のところ、純粋な多の思考とはそのようなもののはずである。

しかし、自らが思考していることを決して定義することのない思考とは何なのか。つまり何が、思考が思考していることを決して対象として開示させないのか。思考が思考していることを思考可能なものとしてつなぎとめる、この書くという行為において、この思考可能なものという名に、それが何であれ、訴えることさえ自らに禁じる思考とはいかなる思考なのか。それは明らかに公理論的思考である。公理論的思考は、無定義項[7]の配置を把握する。公理論的思考においては、無定義項の定義に出会うことは決してないし、無定義項ではないものによる実践的な説明にも決して出会うことはない。公理論的思考の最初の命題は、思考可能なものを主題化することのないままそれを開示する。おそらく、ひとつあるいは複数の原始的な項 termes primitifs〔無定義項〕が組み込まれている。しかしその指示対象を表象しなければならない命名という意味においてではなく、一連の配置という意味においてそうなのである。そしてその配置においては原始的な項が、創設的に働く諸項の連接の規則をともなったゲームのなかでのみ存在している[8]。

減算的存在論のもっとも内密な要求は、弁証法的な定義の形式ではなく、命名することなしに規定する公理の形式で、この存在論が明示的に提示される、ということである。

この要求から出発して、プラトンが弁証法を数学に対立させた『国家』の有名な一節を再解釈しなければならない。

ソクラテスの対話者の一人であるグラウコンが、この点についてのかれの師〔ソクラテス〕の考えを要約したものをもう一度読みなおそう。

> 存在し知られうるものについては、弁証法の知 science（ἐπιστήμη）に基づいて理論化される場合、いわゆる学術 sciences（τέχνη）に基づいて理論化される場合よりも明瞭であるということですね。確かに、学術は仮説を原理の位置におくのであって、学術にしたがって理論化する人々は、経験的ではなく論証的に考察を進めざるをえないけれども、かれらの直観は依然として仮説にとどまっており、原理へのいかなる入口をも開くことはないので、あなたの見るところでは、かれらは自分たちが理論化しているものの知性的認識〔intellection〕をもつには至らないというわけです――ただし、原理の光に照らすのであれば、その存在者が知性によって把握可能なものとなるのではあるわけですが。そしてわたしには、あなたは幾何学やそれに類したもののこうしたやり方を、知性的認識〔直観知〕ではなく論証的思考（διάνοια）〔間接知〕と呼んで区別しているように思われます。ちょうど、臆見（δόξα）と知性（νοῦς）の何か中間的なところ（μεταξύ）に、そのような〈論証的思考〉が確立しているという見方のもとに。[9]

完全に明らかなのは、プラトンにとって数学の欠陥はまさにそれが公理をもつことだ、ということである。なぜか。それは公理が思考可能なものの外部にとどまるからだ。幾何学者が論証によって進めざるをえないのは、まさにかれらが一の規範的な潜勢力——先の引用箇所では原理という名で呼ばれているものだが——には立ち入らないからである。この制約は、かれらが思考可能なものの原理である規範の外部にいることを証言している。公理は、プラトンにとってどこか曖昧な暴力を備えているのだ。一がもつ弁証法と定義にかんする規範を、公理が自らのものにすることはないのであって、このことに曖昧な暴力が起因している。たしかに公理と数学のうちには思考があるのだが、しかしそこにはいまだ思考の自由はない。思考は範例と規範と一によって秩序立てられているのである。

この点について、わたしの結論は明らかに、プラトンの結論とは逆である。公理——あるいは公理論的配置 disposition axiomatique——の価値をなすのは、まさに公理が一の規範的な潜勢力を常に減算していることにある。プラトンとは異なり、わたしは公理がうちに秘める制約に、統一し基礎をあたえる解明が不十分であることの徴を見ることはない。わたしがこの制約に見るのは、減算する振る舞いそのものの必然性であり、つまり実際は明示的でなくなったり、命名することができなくなることと引き換えに、自らをなお共通なものに結びつけるもののすべてから、あるいは思考に固有の形而上学的誘惑を支えている一般性から、なんとかして思考が抜け出す運動の必然性である。このように抜け出すことにこそわたしは、思考の自由を、すなわち運命的に自らの制約となるものに照らして、また形而上学的な好みと呼んでもよいものに照らして思考の自由を読み取るのである。

存在論、あるいは一貫性なき純粋な多の思考は、公理論的配置となるべく定められている。それゆえ、それはいかなる原理も手にすることができない、と述べてよい。逆に原理へと遡行するあらゆるものは、多が自らの多性の内在にのみしたがって開示されることをやめさせる。

今やわたしたちは、一の潜勢力からの離脱としての多のあらゆる存在論のための、あるいはずっと以前から哲学においてそれ自身の形而上学的傾向と戦ってきたものに忠実なあらゆる存在論のための五つの条件を手にしている。

（1）存在論は、内在的な統一化なしに、その多性という述語のみに還元されるような一貫性なき多性によって思考される。

（2）多は根本的に一なきものである。というのは、それ自身多によってのみ構成されるという意味でそうである。存在するものとは、あるいは「ある il y a」[10]という唯一の要求における存在するものの思考可能なものへの開示とは、多の多である。

（3）一から生じるいかなる内在的な制限も、多をそのようなものとして規定しない以上、有限性のいかなる根本的な原理も存在しない。多はそれゆえ無‐限定 in-fini として考えられる。あるいは、無限性は多性としての多性の別名でさえある。またいかなる原理も無限を一に結びつけることがないので、無限の無限性が存在する、つまり無限な多性の無限な散種が存在する、と主張しなければならない。

（4）ある多は多の多ではないと考えることができるからといって、ここに一を再導入しなければならないと譲歩することはない。その多は無の多であると述べることになる。無は多と同様、一貫性の原理をあたえられていない。
（5）有効な存在論的提示は、必然的に公理論的である。

カントールによる数学の基礎づけのやりなおしが、以上の点について明らかにしてくれたことで、わたしたちは次のように述べることができる。すなわち、存在論とは数学そのもの以外の何ものでもないのだ、と。そしてそうであるのは数学のギリシャにおける起源以来ずっとである。この起源において、そしてそれ以来、数学は自分自身の内部で形而上学的な誘惑と戦い、労力をつぎ込み、大変な改定を重ね、やっとのことで初めて、自分自身の条件が自由に働くにようにできることになったのだが、それでも存在論とは数学であることに変わりはない。

わたしたちは、次のように述べることができる。すなわち、カントールとともに、多をいまだ数や図形といった対象の表象という形而上学的主題に結びつけるような限定的な存在論から離れて、多をそのものとして自由に思考する把握を数学へと向かうものとして固定し、またそれを数学の台座として固定する一般的な存在論へと移行したのだ、と。このような一般的な存在論は、思考可能なものを対象の限定的な次元に制限するということと完全に手を切っている。

カントール以降の数学がどのようにして、そのような存在論の諸条件といわば等しくなるのか、ということを示そう。

（1）カントールの意味での集合は、多であること以外にいかなる本質ももたない。それは外的な規定をもたない。というのも、他のものと照らして集合の理解を制限するものは何も存在しないからである。それは内的な規定ももたない。なぜなら、集合が何を集めなおした多であるかは問題にならないからである。

（2）ツェルメロとフレンケルによって安定がもたらされたその洗練の結果、〔ZFCの公理的集合論には〕集合以外にはいかなる無定義項も存在しない。つまり集合以外に、変数にたいする可能な値は存在しない。こうして集合のあらゆる要素は、それ自身もまたある集合となる。これによってあらゆる多は多の多であり、いかなる種類の統一も参照されることはないという考え方が完成される。

（3）カントールは、無限集合が実在するだけではなく、そのような無限集合が無限に実在することも十分に認識していた。この無限集合の無限性はそれ自体絶対的な仕方で開かれており、不可能なものの点、それゆえ実在の点によって封がされ閉ざされているのであって、この実在がこの無限性を一貫性なきものにしている。つまり、すべての集合の集合は存在することが不可能なのである。これは実のところ、ルクレティウスの非‐宇宙論 a-cosmisme を完成させたものである。

（4）実際、無の集合、つまりいかなる多も要素としてもたない集合が存在する。これが空集合であり、これは純粋なしるしであって、この集合によってすべての多の多が織り上げられていることが示される。こうして、一の規範的な潜勢力を減算するかぎりにおいて、存在と文字の等価性が完成する。ここでもう一度、第一巻九一〇行からの一節でのルクレティウスの力強い予見を思い出そう。

わずかな入れ替えだけで、原子は創造する
火の物体を、あるいは木の物体を。語についても同様で、
わたしたちは少し文字を移動させると、
はっきりと、「木の」lignumという言葉と「火の」ignisという言葉を区別する。(11)

この文字の審級において、つまりラカンの表現を使えば、空のしるしでもってここで指摘されている審級においてこそ、数学が存在の遠い昔からの形象として開示してきたものである、「一なき思考」あるいは形而上学なき思考が折り開かれるのである。

(5)集合論は、その提示の核について述べるなら、集合論の諸公理の集成以外の何ものでもない。そこには「集合」という語も、ましてやその語の定義も現れない。それによって、純粋な多の思考の本質はいかなる弁証法的原理をも要求しないことが明らかになるのであり、そしてこの領域においては存在に一致する思考の自由が公理の決定にあるのであって、規範の直観にはないことが明らかになる。

後にカントールの開示したものが個別的な理論ではなく、数学の思考可能なものの場そのものであることが、あるいはヒルベルトが語った有名な言葉で言えば、「パラダイス」であることが確立されたことで、一般的な遡及効果によって、わたしたちは次のように述べることが可能になる。すなわち、数学のギリシャの起源から、存在は純粋数学の配置のうちに書き込まれることを強く求めてきたのだ、と。それゆえ同様に哲学の起源から、思考は一の規範的な潜勢力を減算していたので

ある。プラトンからフッサールとヴィトゲンシュタインへと至る、哲学のうちへの数学の驚くべき挿入は、以下のようなある特異な条件として解読されなければならない。すなわち哲学を、一の潜勢力によって存在を征服するものとは別の道の試練に開示するという条件である。哲学はそれゆえ遠い昔から、その数学的条件のもとでは、統一を欠いた、あるいは分割されバラバラになった試みの舞台であった。たしかに哲学は真理のカテゴリーを、一がもっている統一をあたえる形而上学的な潜勢力へと開示する。しかし同様に哲学は、今度はこの形而上学的な潜勢力を、数学がもつ減算的な離脱へと開示するということも確かなのである。それゆえあらゆる特異な哲学とは、形而上学的な運命の実現なのではなく、数学的な条件の下でそれを減算しようとする試みなのである。真理という哲学的カテゴリーは、プラトン的な振る舞いを受け継いだある規範性から生じると同時に、この規範を解体する数学的条件の把握からも生じる。もっともこのことはプラトン自身においても当てはまる。『ソピステス』や『ピレボス』における至高なるイデアの漸進的な多数化や混合性は、『パルメニデス』において一という主題が行き詰まりになるように、定義と公理、原理と決定、統一と分散のあいだの選択が未決定で、流動的なものであり続けることを示している。

より一般的に述べるのであれば、こうである。すなわち、もし存在論が、つまり存在としての存在がもつ言明可能なものが数学と外延を同じくするのであれば、哲学の仕事とはいかなるものであるのか、と。

第一の仕事はおそらく、それ自身の隠された願望に反して、純粋存在についての、つまり存在としての存在についての現働態の思考を数学にたいして認め、数学の前にへりくだることである。

わたしがその隠れた願望に反して、というのは、哲学がそれ自体の現実的な生成のなかで、この点ではソフィストの命令に譲歩して、数学の吟味はたしかに哲学自身の実在に必要ではあるものの、数学が真の思考の身分に達することはないと言い張る傾向があまりにもあったからである。哲学は部分的にではあるが、数学を単なる計算や技術の地位に陥れたことにその責任をもつ。これは、通俗的な臆見によって数学が落とし込まれる先の破滅的なイメージであるのだが、数学者たちも数学者たちでこの破壊に貴族的な仕方で加担してしまっている。かれらはいずれにせよ、一般大衆が自分たちの知を何もわかっていないということにたいして、みずから進んで甘んじるのである。

数学とはひとつの思考である、と主張することは結局のところ哲学の役割となるのであって、哲学はこのような主張の試みを取り消してきたと同時に、非常に頻繁にこう主張することを試みてもきたのである。

この命題にはいかなる証拠もない。この命題は何度も肯定された。最初はプラトンによってそれがなされたが、かれはそれにあらゆる種類の保留をつけた。またこの命題は何度も否定されもしたのであり、なかでもヴィトゲンシュタインによってそれは否定された。おそらくこの命題はあらゆる証明から免れている。おそらくそれはあらゆる数学化の行き止まりを示す点であり、それゆえ数学の現実である。しかし、現実とは知られるものではなく、宣言されるものなのだ。

この命題の曖昧さは、思考の志向的な考え方を認めざるをえないように思われることから生じる。この考え方にしたがえば、あらゆる思考は何らかの対象についての思考であり、この対象によってその思考の本質とスタイルが決定される。こうして数学が思考であるのは、まさに数学的対象が存在するかぎりにおいてであると措定されるのであり、哲学的探求はこれらの対象の本性と起源に関わっている。さて、このような想定は明らかに問題をはらんでいる。数学の観念性が存在していると宣言できるのはいかなる意味においてのことか。またいかなる意味で、それが対象のジェネリックな〔類生成的な〕形式で存在していると宣言できるのか。この困難について、アリストテレスはかれの『形而上学』第一三巻において、かれが数学的なもの μαθηματικά と呼ぶもの、つまり数学的な知の相関物と想定されているものについての検討をおこなっている。思考としての数学の問題を、対象あるいは客観性から取り組むかぎり、アリストテレスの解決はわたしには決定的であるように思える。この解決は二つの限界のあいだに組み込まれている。

（1）一方で、もし存在が分離されたものであり、それが対象をあたえるために先在する自律的な領域を構成することを意味するなら、数学的対象に存在あるいは実在を割り当てることは拒否される。ここで批判されている命題はプラトンのものであると考えられている。事実、アリストテレスの実際の後継者、つまりアングロ＝サクソンの現代の経験主義者たちは、数学的観念性の分離された、超感覚的な実在の想定を「プラトン主義」と呼んだし、この想定に対抗して数学的対象は構築されているとかれらは主張した。数学的なもの μαθηματικά は決して分離された存在ではない、とアリストテレスなら述べるだろう。もしそれらが分離された存在なら、それについて知的直観が最初になければならないが、それを証明するものは何もない。それらはしたがって、数学を単称的な思考と同定することに役立たない。言ってみれば、アリストテレスにとって、いかなる存在論的分離であれ、認識論的分離を保証することはできない。とりわけ感覚可能なものに関わる自然学と数学のあいだの隔たりが問題になる場合はそうである。というのも、「数学的なものが感覚可能な存在から分離した存在を有するのは明らかに不可能である」（一三巻、二、一〇）からだ。

（2）以上とは対照的に、数学的対象が感覚可能なものに内在すると考えることも不可能である。この点はアリストテレスが〔『形而上学』〕第三巻で扱っている。中心的な議論は、もし不可分な観念性が感覚可能な物体に内在するなら、これらの物体の不可分性が帰結することになる、という議論や、もし不動な観念性が内在するなら、感覚可能な物体の不動性が帰結するだろう、という議論である。これは経験に反する。この命題の反論不可能な基盤となっているのは、あらゆる内在的な数学性が、ある場合は数学的対象を、時間性、腐敗性といった明らかにこの対象とは無縁の感覚的な述語で汚染し、またある場合には感覚可能な物体を、永遠、概念的透明性といった同じくそれらとは無縁の知的な述語で汚染することである。

それゆえ経験の領域からすれば、数学的対象は分離していないし、分離不可能でもない。超越的でもなければ内在的でもない。真実は、数学的対象は厳密な意味での存在をもたない、というものである。より正確には、数学的対象はいかなる場所でも現働態では実在していないのである。アリストテレスは述べることになるのだが、数学的なもの μαθηματικά は絶対的に実在しないか、あるいはいずれにせよ絶対的な仕方では実在しないのである。言ってみれば数学的客観性は疑似‐存在であり、分離した純粋な現働態、その至高の名が神であるところの現働態と、感覚可能な実体、つまり実際に実在している事物のあいだで宙吊りの状態になっているのだ。数学は自然学でもないし、形而上学でもない。

しかしそうだとすれば数学とは何であるのか。実のところ数学とは、現働態となった実在が欠如しているところで、フィクション的な現働化をおこなうことである。数学的客観性は感覚可能なもののなかに潜勢態において実在し、潜勢態にとどまるが、その現実性は決定的に潜在している。こうして人間は、潜勢態において、真に算術的一を保持する、あるいは、物体は潜勢態においてある純粋な形相を保持するのである。算術的一あるいは幾何学的球は、どこか別のところに実在するわけでもなければ、そのようなものとして、ある人間あるいはある天体において実在するのでもない。思考は一あるいは球を、ある有機体やある対象の経験から現働化することができる。現働化とは何であるのか。正確に述べるなら、それは潜勢態としてのみ実在するものを現働態において実在するものとして扱うことである。つまり疑似‐存在を存在として扱うことである。分離していないものを分離したものとして扱うことである。これはアリストテレスの定義そのものだ。かれは述べる。算術家と幾何学者は、「分離していないものを分離したものとして措定しながら」、優れた結果に到達するのだ、と。

このフィクションはしかも、数学の規範が真理にはなりえないことを帰結する。というのも、真理にフィクションが合流することはないからだ。数学の規範は美である。というのも、数学者がフィクションとして分離するのは、まずは秩序の関係や対称性、あるいは概念の透明な単純さだからである。さて、アリストテレスは次のように指摘する。「美のもっとも高次の形式は、秩序、対称性、定義されたものである」。その結果、「美は数学的証明の主要な対象」となる。

このとき、アリストテレスの最終的な結論を現代風に言いかえることができる。そのためには「潜勢態の存在」を現働化する力をもっているのは何であるのか、あるいは分離されていないものを分離することができるのは何であるのか、と問えばよい。わたしたち現代人にとって明白であるように、それは言語である。マラルメが有名な引用のなかで指摘するのは、わたしが「ある花」と発話する場合には、わたしはその花をあらゆる花束から分離する、ということである。わたしが「ある球があるとしよう」と述べる場合、そのわたしはこの球をあらゆる球状のものから分離している。この点においてはマテーム mathème と詩 poème は識別不可能である。

ここで、ここまでの議論を要約することができる。

（1）数学は疑似‐存在 pseudo-être についての準‐思考 quasi-pensée である。

（2）この疑似‐存在は準‐対象 quasi-objet のうちに配備される（このような準‐対象の例には、数や図形があり、そして算術的、位相的構造などももちろんそうである）。

（3）これら準‐対象はいかなる種類の現働態となった実在もあたえられておらず、感覚可能なものから超越してもいなければ、感覚可能なものに内在してもいない。

（4）これらは実際のところ言語による創造なのであり、実在する対象の潜在的な層、現働化することができない層、つまり分離できない層からフィクションとして引きずり出されたものである。

（5）分離をおこなうフィクションを支配する規範は、フィクションが構築する単純な関係の透明な美である。

（6）数学はそれゆえ究極的には厳密な感性学＝美学である。数学はわたしたちに、実在的で‐あること l'être-réel について何も述べないが、この実在的で‐あることから、明示的な規則をもち、知的に理解可能なある一貫性をフィクションとして作り上げるのである。

そして最後に、

（7）数学が思考として思考されるにしても、数学は自らの思考の思考ではない。実際、自らのフィクションのなかに据えおかれた数学は、このフィクションを信じることしかできない。この点をラカンが強調したのは正当なことであった。数学者とは第一に、数学を「鉄のように固く」信じる人である。数学者にとっての自発的な哲学はプラトン主義である。というのも、数学者の行為〔現働態 acte〕は分離されていないものを分離することであり、このフィクション的な現働化からその結果のイデア的な光景を引き出すからことだからである。数学者にとって、すべてのことは、あたかも数学的対象が現働態として実在しているかのような仕方で起こる。より深いことに、数学的思考はあらゆるフィクションと同様、ある行為〔現働態 acte〕なのである。数学はこうでしかありえない。なぜなら観照すべきものが何もないのだから。アリストテレスがきわめて凝縮された定式のなかで述べるように、数学の場合において、知的理解とは行為〔現働態〕なのである ἡ νόησις ἐνέργεια。数学においては、対象に欠けている現働態が主体の方へと戻ってくる。

数学者は、かれ自身の思考であるフィクションとしての現働化の行為に没頭し、この行為の構造を見誤る。同様にこのことが、認識の要求の下に感性的＝美的な次元が隠れてしまう理由でもある。美は数学の営みの真の原因であるのだが、この原因は数学の言説のうちには不在である。この原因はその結果によってのみ突き止めることができる。「数学の知が美に名をあたえないからといって、この知が美を扱わない理由にはならない。なぜなら数学の知は美の結果と関係を示しているからだ」。数学の行為の実在的な原因に名をあたえること、したがって数学的思考をその真の使命にしたがって考えることは哲学者の役割である。

この考え方は今日においてなお支配的である。それは以下の主な四つの徴候に現れているように思われる。

(a)「プラトン主義」の名の下に想定されているものへの批判は、現代のすべての数学観においては、ほとんど単なる合意によってなされているにすぎない。同様に、以上の数学観のうちに、数学者が自発的な、いわゆる「素朴な」プラトン主義者であることの理由が見出される。

(b)数学的存在者あるいは数学的構造は、構築されたものであって、言語的であるという特徴はほとんど普遍的に認められる。

(c)感性学＝美学がそのものとして常には召喚されないにしても、〔数学における〕現在の多くの主題は〔感性学＝美学と〕同質のものである。たとえば、真理のカテゴリーの不在、相対主義への傾向(異なる複数の数学が存在するだろうし、それは最終的に趣味の問題になるだろう)、そして最後に数学的建築物の論理的アプローチが挙げられる。このアプローチは数学的建築物を、その構築の手順が決定的であるような偉大な形式として、しかし、その指示対象、あるいはそれ固有の存在、つまり思考されているものにたいして思考における規定がなお割り当てられていないような形式として扱う。これはアリストテレス的方向性にしたがっている。アリストテレスははっきりと形式の卓越さを数学にたいして認める。アリストテレスはこれを論理的先行性 antériorité logique と呼んだが、それはむしろ数学に実体的あるいは存在論的先行性をはっきりと否定するためだった。アリストテレスが述べるところによれば、それは「実体的先行性が存在の分有であるのにたいして、その存在は、それが分離させられるときには、分離して実在する能力によってその先行性を連れていく」からだ。数学的対象の純粋にフィクションとしての分離は、それゆえ存在論上の尊厳において事物の実在的分離よりも劣る。反対推論によって、数学の論理的透明性は、感性学＝美学的には、事物の分離された実体性よりも優れている。これは今日、形式科学と経験科学の、それ自身が言語内部にある標準的な区別ののうちに完全に再現されている。

（d）今日、構成主義的、さらに直観主義的な見方のほうが、古典論理学の明証性よりも優れているのと同様に、形式主義的で基礎づけと一体化した見方よりも優れていることに反論の余地がないこと。ブルバキが試みた偉大なる建築は、樹状と呼んでいいような包括的な感性学＝美学に則っていた。論理学と等質的な集合論からなる堅固な幹から、代数学と位相幾何学の枝が対称的な仕方で生え伸び、これらの枝がずっと上の方で、すなわちもっとも繊細で「具体的な」構造に至るところで再び交差し、これらの具体的な構造が枝葉の分岐した配置を構成していた。しかしながら今日では、むしろすでに複雑になった具体物から出発するのであり、問題は、これらの具体物をそれらの特異性にしたがって、折り畳み、あるいは折り広げることであって、あるいはそれらを脱構築－再構築する原理を見つけることであって、そのとき全体の見取り図や確固たる基礎といったものは気に留められていない。公理論的なものは、驚くべき複雑さや相関関係の流動的な理解のために、なおざりにされている。ドゥルーズのリゾームはデカルトの木よりも優れている。異質なものは等質なものより考えるべきことがらを多くあたえる。直観主義論理学、様相論理学は、古典論理学の排中律のこわばりよりも、この記述の方向性に適している。

それゆえ、思考としての数学にかんして、わたしたちがアリストテレス主義の言語化されたヴァージョンに至る運命にあるのかどうかといったことが問題になる。

これはわたしの確信するところではない。わたしには、現代数学が命じているのはむしろプラトン主義を立て直すことで、まずは、アリストテレスの注釈によって完全に隠されてしまったプラトン主義の真の原動力を理解させることにこそあるように思われる。

しかしながら、わたしたちの到達点において、プラトン主義の修正と呼びうるものの道を直接たどることはないだろう。わたしがその概論を素描したいと思っている問題は限定的なものだ。最終的に問題となるのは、数学は思考であると措定することで、この思考の思考にたどり着くことなのであって、なされるべきは、数学が自らを思考し、数学とは何であるのかということを述べるように要請されていると思われる契機を指し示すことである。周知のように、このような契機は、「危機」あるいはむしろ「基礎の危機」という名で呼ぶのが習わしになっている。

こういったことは、たとえばいわゆるピュタゴラス的な数学における無理数の危機に妥当するし、一九世紀末の集合論のパラドックスに結びついた危機、それに続いて一九三〇年代に発見された形式主義にたいする制約となる様々な定理に結びついた危機にも妥当する。同様に、一八世紀初頭には無限小の無秩序な扱いをめぐる危機があり、ユークリッドの平行線の公準の証明不可能性の発見とともに、幾何学にかんする別の危機もあった。

ルイ・アルチュセールが「学者の自発的な哲学」と呼んだものの実在に結びついた思考の選択肢を、数学者同士の論争に導入することで、これらの危機が数学に内的なものなのか、それともむしろ厳密に哲学的なものなのか、という問いが議論された。アルチュセールの主張にしたがうなら、科学にはいかなる種類の危機も存在しなかったことになる。たしかに非連続性、突然の質的な改変といったものはあった。これらの契機は進歩と創造であり、決して袋小路や危機ではなかった。しかし、これらの断絶の機会には、関連する知的環境に含まれるがゆえに、哲学的傾向のあいだの論争に不可避的に巻き込まれた。実際この論争の焦点となっていたのは、哲学的潮流が自分自身の目的、最終的には政治的な目的のために、様々な科学を利用するやり方を再配置することであった。

わたしたちが出発するのは次のような事実確認からである。つまり、数学がそれ自身の目的に照らして、自らの思考を思考することが要求されているように見える、そういった特異な契機といったものは存在する、という事実である。この操作は何に存するのだろうか。実際すべては、数学的思考がぶつかるいくつかの命題をめぐっておこなわれる。あたかもこれらの命題が、数学的思考固有の領域において、不可能なものの代名詞であるかのように。

これらの命題には明らかに三つのタイプがある。

――ある場合には、ある形式的な矛盾が問題になる。この矛盾は、ある前提の全体から、演繹によって引き出されるが、それらの前提の明証性と一体性には疑いの余地がないように見える。これはパラドックスのつまずきである。たとえば、フレーゲ・スタイルにおけるクラスの形式理論がそうであって、これはラッセル・パラドックスにつまずく。ここで不可能なものへと強制された明証性は、何らかの性質にこの性質をもつ項の集合を割り当てるというものである。概念を拡大するということの学説ほど明晰なものはない。しかしこの明証性には、内属的な一貫性の欠如をあたえるような事例が現実の試練として現れるのである。

――第二の事例は、確立された理論がある一点において、この理論を維持しないように強制するある例外、あるいはある過剰によって対角化される場合である。この過剰によって、絶対的に一般的であると信じられていたこの理論は、局所的、さらには完全に個別的、限定的なものとしてしかみなしえなくなるのである。たとえば、有理数を尺度と解する場合、正方形の対角線がこの正方形の辺〔有理数によって表現さえる〕とのあいだで通約不可能であるという証明がそれである。理解可能なあらゆる関係には整数の組〔＝有理数〕が割り当てられるという明証性は、ピュタゴラス主義者たちにとって、存在と数の相互性を保証するものだった。この明証性を証明によって破産させるのはある幾何学的関係なのであって、尺度としてこれに割り当てられると主張されるようなどんな整数組も超過する幾何学的関係である。それゆえ存在の本質的な数性が展開された思考は再考され、以上のようなものとして数学的思考が思考しなおされなければならない。

――最後に、第三の事例は、ある目立たない命題が確実とみなされた結果の条件として分離される場合。これは、この命題がそれ自体で解されると、数学的思考の構築にかんして共有された規範の観点からは容認されえないように思えるという場合である。選択公理がこの事例にあたる。前世紀末のフランスの偉大な解析学者たちは、かれら自身の証明のなかで選択公理を暗黙のうちに使っていた。しかしこの公理が形式的に明示化されると、かれらには自分達が無限の取り扱いについて受け入れていたものを選択公理が絶対的に超過しているように見えた。とりわけ、かれらはこの公理のうちに、数学者の思考の操作について自分たちが形成していた構築的な見方が非合法的な仕方で後退していくのを見た。実のところ、選択公理は絶対的に未規定な無限集合を認めることになるのだが、この無限集合の実在が肯定される一方で、言語によってはそれは定義不可能であり、またその手続きにおいては構築不可能なのである。

それゆえ次のように主張することができる。数学的思考は、現実的なストッパーによる強制、あるいは数学的思考の領域における、ある不可能なものの点が必然的な仕方で突発することによる強制によって、おのれ自身に立ち帰るのだ、と。このストッパーは、非一貫性を出現させるパラドックスの類に属することもあれば、過剰を生じさせる対角的なものの類に属する場合もあり、定義されないものあるいは構築不可能なものを出現させる隠れた命題の照準の類に属する場合もある。

では自らの内的なストッパーに命ぜられた、数学のねじれの本性とはどのようなものなのか。

表面に上昇してくるものが関わるのは、数学的思考においては、行為あるいは決意に属するものである。この〔表面への上昇という〕同じ運動のなかで、それが遂行する決断の規範について立場を決めなければならない。というのも、いわばわたしが行為の根元にいるからである。

さて、どの事例においてもこの決意せざるをえない状況にあって、問題になるのは存在である。つまり、数学が自分自身のものとしてパルメニデスの次の命題を引き受ける様態が問題になるのである。「思考することと存在することは同じである」(2)。

わたしたちの例をもう一度検討しよう。実在する通約不可能なものの命令の下で、ギリシャ人たちの思考は、存在と数の、幾何学的なものと算術的なものの別の結合の仕方を決意せざるをえなかった。この決意にはエウドクソスという固有名があたえられている。ラッセルのパラドックスに直面して、純粋な多の規定への言語の権力を制限することを決意しなければならなかった。こう決意したのは〔エルンスト・〕ツェルメロである。選択公理が思考に要請するのは、未規定な実無限にかんする厳しい決意である。もっともこの決意はいまだなお数学者たちを分断し続けているのだが。すべての事例で問題になっているのは、数学の思考がその一貫性を支える存在と、いかなる意味でまたいかなる制限の内在的配置にしたがって共外延的であるのかを決意することである。

それゆえ、いわば数学はパラドックスと一貫性の欠如によって、あるいは対角的なものと過剰によって、あるいはある未定義な条件によってストップさせられるとき、数学的思考のうちで存在論的決意の属するものを思考することになるのである。その決意は文字通り行為である。つまり数学がその結合と布置を確立する役割を担う存在の現実を継続的に拘束する行為である。しかし、このように自分の決意に関わる次元と向き合うことで、数学は自らの規範の問題に、とりわけ思考が実在の断定として維持できる状態にあるものの規範の問題にとらわれる他なくなる。単位から構成されることがもはや原理ではないような数を実在させなければならないのか。非可算的な実無限集合が実在すると認めなければならないのか。どのような条件の下であれば、正しく形成された概念が同定可能な外延をもつことを保証することができるのか。どのように実在の断定と構築の手順を結びつければよいのか。事例をひとつも提示できないような知解可能な布置が存在することを認めることができるのか。これらの問いは思考を構成するのではなく、方向性をあたえるある内在的な規範にしたがって解決されることになる。

わたしたちが思考における方向性と呼ぶのは、数学的思考において実在の断定を調整するものである。つまり形式論理的には、存在記号〔＝存在量化子〕をある存在領域上に想定される性質を固定する論理式の前に書き加えることを正当化するものである。あるいは存在論的には、思考可能なものの純粋な提示である宇宙を固定するものである。

思考における方向性は、根本的な断定つまりは公理へと拡張されるだけではない。証明の手順の問題点が実在に関わるやいなや、これらの手順へも拡張される。たとえば、非実在の仮定が論理的な行き止まり〔＝矛盾〕に陥ることだけをもって、ある実在を肯定できることが認められるのか。これが背理法の原動力である。それを認めるか否かは、思考における方向性に属するものの典型である。それを認める場合というのが古典的な方向性であり、それを認めない場合が直観主義的な方向性である。思考が存在すると宣言するものへの到達経路として、思考がそれ自身のうちで固定するもの、これに決意は関わるのだ。実在への道程が言説の歩みに方向性をあたえるのである。

思うに、二つの異なる方向性が二つの異なる数学を、つまり二つの異なる思考を命ずるというのは間違っている。ただひとつの思考の内部で、方向性同士が争いあうのである。いかなる古典的数学者も、直観主義的数学が数学であると認められることに疑いを一度ももたなかった。どちらの場合も問題になるのは、思考と存在の根底にある同一性である。しかし、実在とは、思考が宣言するものであると同時に、存在がその一貫性を保証するものであり、それは異なる方向性に応じて把握される。つまり実在と呼ばれるのは、それについての決意と出会いを、また行為と発見を識別できないものなのである。思考における方向性は特異な仕方でこの識別不可能性の諸条件をめざす。

それゆえ数学がある点で不可能なものの到来を証明する命題にぶつかり、自らの方向性をあたえる決意へと立ち返る契機がある、と述べよう。そのとき数学は自分自身の思考を、もはやその証明の統一性にしたがうのではなく、思考における方向性の内在的な多様性にしたがって把握する。数学は自分の統一性を思考における方向性の多性に内的に開示されたものとして思考する。数学の「危機」とは、数学が自らの思考を自分自身の統一性の内在的多性として思考せざるをえない契機のことである。

思うに、この点においてかつこの点においてのみ数学、つまり存在論は哲学の条件として機能する。いわば数学はその方向性にしたがって自分自身の思考と結びつく。この振る舞いを思考における方向性の一般理論によって継続するのは哲学の役割である。あらゆる思考がそれに方向性をあたえるものの多性への開示としてしか自らの統一を考えることができないということを、数学は説明することこそできないが、典型的な仕方で顕示してはいる。数学の思考がもつ自分自身の思考への完全なる関係は、哲学が数学の諸条件の下で次のような問いを扱うことを前提している。つまり、思考における方向性とは何か、という問い、さらには、存在と思考の同一性を方向性の内在的な多性にしたがって行使させるのは何か[3]、なぜ存在するものにかんして常に決意しなければならないのか、といった問いである。なぜなら、実在が最初から付与されることが決してないことにすべての問題はあるからだ。実在は、思考が存在を決意するかぎりにおいて、まさに存在そのものである。そしてこの決意が本質的に思考に方向性をあたえるのだ。

それゆえ、数学の思考を思考として現働化することのできる現実的領域として、思考における方向性の理論を開示しなければならないだろう。わたし自身の考えにかんしては、この点について概略的な取り扱いを『存在と出来事』で提示しており、ここでその技術的な下部構造に立ち戻ることはできない。そこでは三つの主要な方向性が示された。これらの方向性は、数学の危機の諸契機と哲学の概念の再編成において、同時に確認することができる。すなわち、構築主義的方向性、超越的方向性、ジェネリック的〔類生成的〕方向性である。

第一の方向性は、明示的な構築によって実在に規範をあたえ、最終的に存在判断を有限かつ制御可能な言語の手順に従属させる。いわばあらゆる実在は問題になっているものの事例に実際到達することを可能にするアルゴリズムに支えられている、ということだ。

第二の超越的方向性は超実在と呼びうるものを認めること、あるいは自らの手前にすべての実在するものの宇宙を配置するヒエラルキー的な閉じ込めをなす点と呼んでいいものを認めることによって、実在に規範をあたえる。いわば今度は、あらゆる実在はそれに場所をあたえるある全体性に組み込まれている、ということだ。

第三の方向性は、実在は論証としての一貫性以外には規範をもたないと措定する。この方向性は未定義な領域、つまり述定によるあらゆる収集を減算する多、過剰の点、減算的な付与、これらを特権化する。いわばあらゆる実在はそれを取り押さえていると想定された組み立てにたいして対角となる、ある彷徨のなかで把握されるのである。

これら三つの操作が政治的本性をもつことは、隠喩としては十分明らかである。実在が構築的アルゴリズムにしたがって現れなければならないと措定するにせよ、実在がある〈全体〉のなかで前もって配置されていると措定するにせよ、実在はある対角的な特異性であると措定するにせよ、このことは存在するもののそのつどの個別的な語義にしたがって思考に方向性をあたえる。ここで「存在するもの」は実在の決意から出発して考えられているのである。ある場合には、存在するものとはその事例がひとつあるものであり、ある場合には、存在するものとはある〈全体〉のなかでの場所であり、またある時には、存在するものは存在するものから自らを減算するものである。〔これらの方向性は〕経験的な個別性の政治学、超越的全体性の政治学、減算された特異性の政治学であると述べてもよいだろう。要するに、議会制民主主義、スターリン、そして今日いささか手さぐりな状態で述べられるように、ジェネリックな政治、つまり国家からの減算としての実在の政治学、あるいは計算不可能なものとしてのみ存在するものの政治学である。

すばらしいことに、これら三つの方向性は集合論にとどまるだけで数学的に理解することができる。ゲーデルの構成可能集合の学説は第一の方向性に、巨大基数理論は第二の方向性に、ジェネリック集合の理論は第三の方向性に堅固な土台をあたえる。

しかし、より最近の他の多くの例が、いかにしてあらゆる数学の前進が、結局、その運動の偶然的な唯一性において、三つの方向性を開示するかを示してくれることになる。あらゆる現実の運動はすぐさま、そこに思考を召喚する存在点において、三つの方向性の提示となる。あらゆる現実の運動は、形式的に三つある実在の決定を互いに突き合わせる。

次の点を踏まえておくことは、あらゆる具体的な状況において大きな助けとなるだろう。すなわち、思考装置のあいだの真剣な争いで、すべての人から認められるような実在について解釈が対立していようような争いはないのだと。その逆こそが真なのであって、一致することがないのは実在そのものについてなのである。というのもこれこそ決意されるものだからだ。あらゆる思考は論争を引き起こす。しかし解釈の争いが問題になることは決してない。問題になるのは存在判断の争いである。こういうわけで、思考における真の争いで解決を受け入れるようなものは存在しないのである。意見の一致は思考の敵だ。そのような一致は、わたしたちは実在を共有すると主張するからだ。しかし、思考のもっとも内奥において実在とは共有不可能なものなのである。

数学の利点はいかなる解釈も提示しないところにある。現実はそこで、バラバラの解釈の起伏に合わせて姿を現すようなものではない。数学においては、それは意味を欠くことが証明される。かくして、数学が自分自身の思考に立ち返るとき、数学は実在の争いをむき出しで開示するのである。数学がわたしたちにあたえるのは、存在のあらゆる把握が実在にかんしてある決意を、すなわち保証も裁定もなく決定的に思考に方向性をあたえる決意を想定している、と考えさせることである。

ロートレアモンによる「厳格な数学」への賛辞はたしかにぴったりだ。厳格なものがあるとは、形式主義や証明の連鎖のことではなく、次のように定式化できるような思考の格率を露わにするということである。すなわち、存在するものを決意するときにこそ、おまえは自分の思考を存在に結びつけるのだ。しかしそのとき、おまえは存在を意識しておらず、ある方向性の命令にしたがっているのだ、と。

方向性によって予め規定された実在についての決意が介在し、それ固有の思考へと至るときに、数学は存在としての存在の思考であると仮定するならば、哲学固有の領域とはどのようなものであるのか。

たしかにわたしたちが見たように、哲学固有の領域の役割は数学の存在論としての使命を特定することであった。めったに起こらない「危機」の契機を除けば、数学は存在について思考するとはいえ、自分がいかなる思考であるのかについて思考することはない。歴史的に存在の思考として展開することが可能になるために、また一の形而上学的な力から離れるのが困難だったために、数学は自分を存在論以外のものとして同定しなければならなかった、とさえ述べることになるかもしれない。だから、数学＝存在論の等式をはっきり述べ、正当化するのは哲学の役割である。こうすることで、哲学自身もまた見かけ上もっとも高次である任務から解放される。つまり哲学は存在としての存在を思考するのは自分の役割ではない、と表明するのである。実際、哲学が自分の諸条件を特定し、自分のものでないものを取り除く運動は、哲学史全体にひとつの区切りをあたえる。哲学は、自然学から、宇宙論から、政治学から、他の多くのものから自由になり、解放されてきた。重要なのは、哲学が厳密な意味での存在論から解放されることである。しかし、この哲学という仕事は複合的なものになる。というのも、この仕事は認識論的な仕方ではなしに、現実の数学を反省的に横断するということを含意するからである。たとえば、『存在と出来事』でわたしは同時に次のことをおこなった。

――集合論の公理の存在論的な実効性を、差異、空虚、過剰、無限、本性、決意、真理、主体というカテゴリーを次々と横断しながら、検討していった。

――いかにして、そしてなぜ、存在論的思考が営まれたとしても、数学は自らが存在論的思考であると同定する必要がないのかを示した。

――また、哲学の運命についてわたしが提示した統一化されることのない見方にしたがって、一と差異についてプラトンの『パルメニデス』が、あるいは空虚についてアリストテレスが、あるいは過剰についてスピノザが、あるいは無限についてヘーゲルが、あるいは決意についてパスカルが、あるいは真理の存在についてルソーがあたえるような公理の諸解釈のあいだの哲学的な連携について検討した。

思うにこの仕事は、なおきわめて大きく開かれたものである。とりわけ一九三〇年代、アルベール・ロトマンの仕事が示したように、現実の数学のあらゆる有意義で革新的な断片は、生き生きとした条件としてその存在論との同定を促すし、そうであるはずだ。わたしとしても最近、数概念の身分についてコンウェイが提示した数概念の新しいヴァージョン[1]についてこの同定をおこなったし、後でもう一度振り返るようにカテゴリー論とトポス topoi についてもこれをおこなった。

他方で、存在論的規定から自らを減算するものについての広大な問いが開かれる。存在としての存在ではないものについての問いである。減算の法則は不可避だからである。現実の存在論が、一の規範を免れている数学として配置されるのであれば、この規範全体を回復させる必要はないとしても、存在論の、したがって数学の領域が脱全体化される点、あるいは袋小路に入り込む点がなければならない。この点を、わたしは出来事と呼んだ。それゆえ、哲学は、現実の存在論にたいして常に繰り返されるべき同定であるとともに、おそらくそれにもまして出来事の一般理論である、とも述べることができる。つまり、存在論的減算から自らを減算するものについての理論、あるいは数学の固有な不可能性についての理論である。

数学が存在としての存在の思考において自らを確保するのにたいして、出来事の理論は超限‐存在の規定をめざすと述べることもできるだろう。

しかし、この点において、ある特異な問題が存在する。この問題によって、思うに、たとえばドゥルーズとわたしの境界画定がおこなわれるのだ。

実際のところ問題は次のようなものである。出来事はすべてが数学化可能ではないということを確保するものであると認められるならば、出来事にたいして多は本質的に異質であると結論しなければならないか否かという問題である。というのも、出来事が存在にかんして断絶点である——わたしが超限-存在の構造と呼ぶものである――と考えるとしても、依然として出来事そのものの存在、超限-存在の存在を考えなければならないからである。この出来事の存在は、異質なる多の理論を、存在として存在を説明する理論に要請するのだろうか。わたしの見るところ、これがドゥルーズの立場である。出来事の襞を考えるためには、ベルクソンから受け継いだ、最初から二重になっている多の理論が必要である。外延的、数的な多は、内包的、質的な多から区別されなければならない。出来事は常に、異質な二つの多の隔たりである。こう言ってよいなら、到来するものが外延的展開と内包的連続の襞となるのである。

わたしとしては逆に、多は公理論的に等質的であると主張する。それゆえわたしは出来事の存在を、陳列された諸々の多についての法則の断絶として、また同時にこの法則と等質的なものとして説明しなければならない。このためにはある公理を放棄することになる。出来事とは、ある集合、ある多に他ならないが、それが出現すること、それが補完されることによって、多の公準のひとつ、とりわけ正則性公理〔基礎の公理〕が減算される。

このことは、それを文字通り受け取るならば、出来事とは厳密な意味では基礎-なき多であるということを意味する。この基礎の放棄こそ、ある出来事を、その出来事がそれにとって出来事であるような多-状況への純粋で不確実な補足とするのである。

そうすると、ドゥルーズとわたしの間で議論になった、多の存在論にとっての出来事の身分と、多の法則が機能不全になったときにどのようにして一の力を再導入しないようにするのか、という一般的な問いはあらゆる現代哲学の第一の問いであるように思われる。もっともこの問いはハイデガーにおいて、「存在*Sein*」から「出来事*Ereingnis*」へと横滑りしていくことにおいて前もって構成されている。あるいは、反対の領域registrationを取り上げると、ラカンにおいてこの問いはまた、想定される知と伝達可能な知の間にある、すなわち解釈とマテームの間にある真理の蝕としての〔精神〕分析行為という思考に投じられている。しかし、これはニーチェにとっても決定的な問題である。世界の歴史を二つに割ることが問題になる場合、生の絶対的な肯定のなかでそのような断絶の思考可能な原理とはいかなるものであるのか。それはヴィトゲンシュタインにとってもまた中心的な問題である。もし意味が常に命題に捕らえられるのなら、いかにして行為はわれわれに、「神秘的要素」、つまり倫理や美学への、沈黙による到達経路を開くのか。

いずれの場合においても、問題の隠された母体《マトリクス》は次のようなものである。つまり、もし「哲学」が一の権限であると同時にこの権限の条件つきでの減算であると理解されるなら、いかにして哲学は到来するものを捕らえることができるのか。思考において到来するものをいかにして捕らえることができるのか。哲学は出来事を一の過剰な到来として再認することと、出来事の存在を多の単なる延長として考えることとの間で常に分裂することになる。真理とは、存在に至るものなのか、それとも存在を折り広げるものなのか。わたしたちは分裂したままである。重要なのは、いずれの場合においても真理はそれ自体で一つの多性でしかないのだと、可能なかぎり思考のもっとも革新的な条件の下で主張することである。つまり真理は、真理の到来（真理は典型的な多、ジェネリックな特異性を出来させる）と真理の存在（ただひとつの真理など存在しない、存在するのは不調和な、全体化されえない複数の真理だけだ）という二重の意味で多でしかないのである。

このことは、近代哲学を識別するあるラディカルな最初の振る舞いを要請する。真理の検討を判断の単純な形式から減算するのである。常に言わんとすることは、多の存在論を決意することである。結果として、常にルクレティウスへの忠誠を維持すること。つまり自らにたいしてこう述べるのである。あらゆる瞬間、

すべての部分で無限な空間が開かれる。
それは数え切れない、際限なき原子が
あらゆる方向に、永遠の運動で、飛び回るときである。(2)

しかし、ドゥルーズもまた、ストア的な転調があるとはいえ、ルクレティウスに忠実なるものではなかったのか。わたしはもう一度この点を、つまり存在論的な数学性に対抗するようにして、同様に「生」という語を存在の主名としてドゥルーズに選ばせたものを検討したいと思う。

ドゥルーズ存在論における主要な禁令では、以下のように述べられる。すなわち、存在とはいかなるカテゴリーにも、あるいはその内在的な分割のいかなる固定した配置にも折り畳まれることはない、と。存在者が多義的なアナロジーによって分配、分類されることが決してない以上、存在は一義的である。

たとえば、性をもつ sexué 存在、あるいは性的な sexuel 存在とはいかなるものであるのかと問うてみよう。あなたがもし男性あるいは雄という自己同定から出発したなら、その直観を構築することは不可能である。しかし、例外的にせよ、あるいは何らかの欠損によってにせよ女性的存在、すなわち女性性の内部性と想定されるものから出発するとしても、同様にこの直観の構築は不可能である。必要なのは、それらが分岐する位相において、男性における女性への生成変化 devenir-femme と女性の男性的領土性 territorialité masculine が交錯する屈折点に赴くことである。男性は、その女性的潜在性の現働化としてのみ思考可能である。より正確には、男性を男性性に割り当てることができなくなる点においてのみ、男性は思考可能となる。というのも、男性の女性的潜在性はそれ自身、男性的領土性の逃走線だからである。その結果わたしたちが性的存在を考えるのは、女性化の運動と男性化の中断を識別できなくなるときであり、これら女性化の運動と男性化の中断は識別不可能なもののなかで、お互いのエネルギーを交換する。

次のようにも言えるだろう。性的存在は、その存在にしたがって、つまりはその存在の様相的な現働化にしたがって考えられるならば、性をあたえられないし、「性的 sexuel」ということで特性のある目録が理解されるのであれば、性的存在は性的でさえない、と。この目録がどのようなものであろうと、そしてたとえそれを無限に複雑にしたとしても、性的存在が直観可能であるのは、すべての特性が相互に変貌させられる、割り当て不可能で識別不可能な中間＝場においてのみである。

存在はいかなる特性ももたない、というのは古い命題である。しかしドゥルーズはこの命題を刷新したのであって、それによれば諸特性の現働的な分離から分離されていない潜在化による、それら諸特性の動的な中性化が存在であるとしたことにある。

存在は特性－ではない〔非－特性性である im-propriété〕[1]、というのも古い命題である。プラトンが〈善〉は存在の名であって、ひとつのイデアではないと主張するとき、述べんとしたのはまさにこのことである。なぜなら、あらゆるイデアはある特性の現働的－存在であるのだが、それにたいして〈善〉はいかなるイデアも指し示していないからである。まさに〈善〉から出発してあらゆる特性、あらゆるイデアはそれらが確立する分割の潜勢力へと至るのである。

しかしドゥルーズは存在のこの非特性性というテーマを一変させる。というのもプラトンにおいては、善がもつ超限 - イデア的な trans-idéal 非特性性が依然としてある特性にとどまるのであって、つまりすぐれて非特性的〔不適切 impropre〕であるという超越的な特性であるのだと考えられるからだ。どのように存在にある種の超越的な超特性 surpropriété を割り当てることをしないままで、存在が非特性性である〔存在は特性ではない〕と考えればよいのか。非特性性が結局単なる存在の特性にならないようにするためにはどうすればよいのか。ドゥルーズがとる道は、かれが一義性あるいは内在と命名するものである。これらは同じものだ。ドゥルーズはある日わたしに、大文字で「内在＝一義性」と書かれた手紙を送ってきた。しかし、これはどういうことなのか。つまり、存在の非特性性〔存在が特性ではないこと〕とは、諸特性の潜在化によって生じる特性の欠落に他ならないということである。そしてまた逆に、存在者の諸特性は、諸特性の現働化の最終的なシミュラークル〔幻影〕に他ならないということである。そのとき存在は、特性の固有性の脱生起(2) dépropriation du propre de la propriété であるが、存在に固有である非特性性の生起 appropriation de sa propre impropriété でもある。つまり、存在とは二つの運動からなる運動、あるいはむしろ〈全体〉の中性的な運動なのである。この運動において存在者の分割は存在者をバラバラにする運動の不可分割性あるいは識別不可能性にしたがって生じる。

以上こそ、存在が生の名にふさわしい根本的な理由である。わたしたちはそこで、ある真の問いを立てる。なぜ一義性あるいは内在である存在は「生」と呼ばれなければならないのか。なぜ存在は潜勢力として「世界を抱き締める、潜勢的な非有機的〈生〉(3)」なのか。存在の名は、哲学では根本的な決意を示している。それは思考を要約するからだ。「存在」という名さえ、それが存在の名として選ばれる場合、ハイデガーに見られるように、決して同語反復ではないある決意を内に包んでいる。そしてもちろん、存在のあらゆる名は、次にそれが誘発する命名を変化させる。ハイデガーにとって、存在、現存在、そしてこの行程の最後にくる「出来事 *Ereignis*」を包含し、運び行く転回運動がそうである。あるいはわたし自身にとっては、多から空へ、空から無限へ、そして最後には無限から出来事へと移行する離接的系列がそうである。

ドゥルーズにおいて、存在の思考を存在のニーチェ的な名、つまり生につなぎ留めているものは何なのか。それこそが存在を潜勢力として、ただし非人称的な、あるいは中性的な潜勢力として評価しなければならなくしているのだ。

存在とは潜勢力である。というのも存在は、潜在的なものの現働化と現働的なものの潜在化と厳密に共外延的だからである。あるいはまた存在は固有性の脱生起と非固有性の生起と厳密に共外延的だからであり、あるいはまた多なる存在者を解き放つ分離と〈関係〉、すなわち〈全体〉を定義する〈関係〉とも厳密に共外延的だからである。そして、この「と」[4]、つまりこの連接において、運動する隔たりを存在そのものの運動として思考しなければならないからである。存在は潜在化でも現働化でもなく、その二つの識別不可能な中間、すなわち二つの運動の運動であり、分岐する二つの時間が結ばれ合う運動的永遠なのである。

またこれこそ存在が中性的である理由である。なぜならその潜勢力とは同の永遠回帰にカテゴリーの分割として提示されるものを変化させるものであり、それ自身が休みなくおこなっている分離から自らを減算するものだからである。存在は分配されているように見えるものの中間による様態化である。こういうわけで、存在はいかなる分配においても思考されないままとなる。

これがニーチェの命題である「善悪の彼岸」のドゥルーズにとっての深い意味である。ドゥルーズにとって、善と悪は何であれカテゴリー的分割であるものの道徳的、系譜学的な投射物である。実際ドゥルーズは述べるのだが、それは一と多の彼岸、あるは同一と差異〔同と異〕の彼岸、また時間と永遠の彼岸なのであって、とりわけ真理と虚偽の彼岸と述べることもできるのだろう。しかし「彼岸〔〜の向こう側に〕」は明らかに、総合も、超越的な第三項も意味していない。「彼岸」は「〜の中間で」を意味する。そこで存在はリゾーム・ネットワークにおける潜在化と現働化のインターチェンジで、真理がもつ本質的な虚偽性を現働化し、虚偽がもつ真理性を潜在化させるものである。あるいは存在は、悪の秘められた善性、悪の地獄の善性を到来させるものであり、善の恐ろしい呪いを折り広げるものである。

存在が中性的であるということは、悪とも善とも、また虚偽とも真理ともそれが同定されないということである、と述べたとしても、なお内容に乏しく不正確だろう。この「〜でもないし〜でもない」は、その変身である「〜と〜と〔〜でもあり〜でもある〕」を取り逃がしている。なぜなら存在は真理が虚偽になること〔真理の虚偽への生成〕、虚偽が真理になること〔虚偽の真理への生成〕であるので、真理でも虚偽でもあること être et vrai et faux こそが中性的であるからだ。

しかし「〜と〜と〔〜でもあり〜でもある〕」はそれ自身なおあまりにも内容が乏しく、なおあまりにも概念的である。

周知のように、ドゥルーズは論理学を憎んでいた。今世紀初頭の言語学者と論理学者による哲学の転回はかれにとって大いなる災難だった。メルヴィルとホワイトヘッドの力強い英米世界が、分析哲学の反撥によって侮辱を受けるのは、ドゥルーズにとって驚愕の光景であった。

論理学はアリストテレス以来、カテゴリーの算定、すなわち非特性にたいする特性の勝利以上のものでは決してなかった。ドゥルーズ的な一義性から別の論理学を、すなわちカテゴリーの分配から見てわたしたちが常用の結合で満足できなくなるような論理学を取り出さなければならないだろう。「〜と〜と〔〜でもあり〜でもある〕」、「〜であれ、〜であれ」、「〜でもないし〜でもない」、これらすべては存在の強力な中性性を疲弊させ、浪費する。「〜と et」、「〜あるいは ou」と「〜でも〔ない〕ni」を動的に重ねることを考えなければならないだろう。というのもそのとき、あらゆる連接は離接であり、あらゆる否定は肯定であることで、存在は中性的であると述べられるようになるからである。

この中性性の結合子、つまりこの「でもあり‐であれ‐でもない〔‐であれ〕」をドゥルーズは離接的総合 *synthèse disjonctive* と名付けた。すると、存在は、中性的な潜在力として、「生」の名にふさわしいのは、それが関係として、「でもあり‐であれ‐でもない〔‐であれ〕」、つまり離接的総合であるからだ、あるいは同様に、連接的分析、つまり「であれ‐でもあり‐でもない〔‐でもあり〕」であるからだと述べなければならない。生は実際、種別化し、個体化し、分離しバラバラにする。しかし同じように生は組み入れ、潜在化させ、結びつける。生はその分岐する論理にしたがうことで、つまり「でもあり‐であれ‐でもない〔‐であれ〕」にしたがうことで、中性的‐存在の名となるのである。それは、離接的総合と連接的分析の中間にとどまる創造的な中性性なのである。

こういうわけで、ドゥルーズはニーチェの主要な観念についてもっとも深い考察をおこなった人なのである。ニーチェが強調するのは、生は価値の隔たりを生み、評価をあたえる潜勢力であり、活動的な分岐である、ということだ。しかし、生はそれ自体、評価不可能であり、中性的である。ニーチェの言葉によれば、生命の価値を評価することはできない。これが同様に意味しているのは、生の生は存在しない、ということだ。というのも、ある生の点からしか、何らかの存在者が評価可能になることはないからである。これが一義性ということだ。存在の存在はない。そして「生」という語がこの一義性の名としてふさわしいのであれば、この自明性から、生の生は存在しえないだろう。存在するのは生の運動、すなわちそれ自身現働化と潜在化の二つの運動の間にあるものとして考えられる運動だけである。こういうわけで、存在の潜勢力、すなわち存在そのものであるこの潜勢力は、中性的で、非人称的で、割り当て不可能で、識別不可能である。そして、このように集められた非－特性性こそが「生」の名にふさわしいのである。

わたしのドゥルーズについての小論が刊行されたのはつい最近のことであるが、すでにわたしへの非難が始まっている。ドゥルーズの哲学は思考の禁欲的な考え方を含意していて、自発性に対立するもので、自我の禁令との断固たる断絶を要求するとわたしが述べたことを、容認できない軽率なパラドックスであると非難するのである。

では聞いてみたいのだが、その直観を構築するさい存在の中性性の高みにまでたどり着ける思考とはいったいどのような思考であるのか。いったいどのようにしてそれは運動の交換が生じる隔たりという点に、つまり非人称的で、割り当て不可能で、識別不可能な点にまで到達するのか。いったいどのようにして、潜在的なものの完全かつ大いなる循環のなかでわたしたちが現働的 - であるという閉じた主張を解消するのか。

　ドゥルーズは少なくともニーチェと同じくらいには一貫している。さて、ニーチェは、すべてを肯定しなければならないこと、ディオニュソス的な大いなる正午がその思考する現働化の外に、大地をひとかけらも残さないことを知っている。というのも、ニーチェにとって力のすべての形象は、その到来を再肯定する潜勢力の核でとらえられると、ディオニュソスに統合可能であるからである。ディオニュソスは神々を殺す笑いのなかで、それらの形象に分解され、再構成される。ニーチェは「生」の名が存在の完全な等価性を命名していることを知っている。そしてドゥルーズはかれとともに、存在は等価性そのものであると肯定する。どのようにしてカテゴリー的でない中性性が、非等価的でありうるのか。ニーチェはそれでもなお、思考における貴族主義、強者の卓越を結論する。これは逆説的に思えるかもしれないが、強者とは誰、あるいは何なのか。強者とは完全に存在の等価性を肯定するものであり、弱者とはこの等価性に不等価な仕方で身を置くものであり、生の喜ばしき中性性を損ない抽象化するものである。しかし、このように考えると、力はまったく自明なものではなくなる。力は集中であり努力であり、わたしたちの現働性、わたしたちの個体性、わたしたちの自我の不透明な避難所がその下で立てられるカテゴリーをすべて剥ぎ取ることである。「節制だ、節制だ」、かれは『千のプラトー』で述べる。節制——というのも、自発的な豪奢さ、嘲笑を誘うわたしたちがそうであるところのものへの信頼は、わたしたちを存在の不毛な、割り当ての決まった領域へとカテゴリー化するからである。たしかに、禁欲であり、ストア主義である——なぜなら、思考するためには、限界をこえ、わたしたちができることの最後まで行く手段を自分にあたえなければならないからである。禁欲——というのも、生は、「事物と存在を潜勢力〔権力〕の観点から考察するヒエラルキーにしたがって」、わたしたちを構成し、判断するからである。非有機的である生に値する、とは、器官の満足にこだわりすぎないことでもある。ノマドとは、のどが渇いているときに飲み物を口にせず、眠りたいときに太陽の下を進み、絨毯の上で抱擁されることを夢見るときに砂漠の地面の上で一人横たわることができる者である。ノマド的思考とは、生の中性性に一致し、わたしたちがそうであるところのものから離れる、耐え忍ぶ実践による変貌にこそ一致するのである。

ニーチェの「おまえがそうであるところのものになる」は、おまえはおまえがそうなるところのものでしかない、と理解されなければならない。しかし、外からの非人称的な力がこの生成〔～になる〕を活性化するところに到達するためには、自分自身を離接的総合として、また連接的分析として扱い、自分を分離し、解消しなければならない。そうする人が強者である。こうして、大いなる健康は病いにおいてこそ獲得されることが、つまり健康を状態や満足ではなく、肯定と変身をもたらす病いにおいてこそ獲得されることが明らかになる。あるいは、しなやかな語りの英雄、すなわちかれを通して識別不可能な生が語りかける英雄は、疲れ果て、切断され、大きな壺に入ったおがくずにおき去りにされ、涙で顔を濡らしたベケットの英雄であることが明らかになる。それでも

料金受取人払郵便

綱島郵便局
承　認

2960

差出有効期間
平成32年3月
31日まで
(切手不要)

郵便はがき

223-8790

神奈川県横浜市港北区新吉田東
1-77-17

水声社 行

御氏名(ふりがな)	性別 男・女	年齢 歳
御住所(郵便番号)		
御職業	(御専攻)	
御購読の新聞・雑誌等		
御買上書店名	書店	県 市 区　町

読　者　カ　ー　ド

この度は小社刊行書籍をお買い求めいただきありがとうございました。この読者カードは、小社刊行の関係書籍のご案内等の資料として活用させていただきますので、よろしくお願い致します。

お求めの本のタイトル

お求めの動機

1. 新聞・雑誌等の広告をみて（掲載紙誌名　　　　　　　　　　　　）
2. 書評を読んで（掲載紙誌名　　　　　　　　　　　　）
3. 書店で実物をみて
4. 人にすすめられて
5. ダイレクトメールを読んで
6. その他（　　　　　　　　　　　　）

本書についてのご感想（内容、造本等）、今後の小社刊行物についてのご希望、編集部へのご意見、その他

小社の本はお近くの書店でご注文下さい。お近くに書店がない場合は、以下の要領で直接小社にお申し込み下さい。

◎

直接購入は前金制です。電話かFaxで在庫の有無と荷造送料をご確認の上、本の定価と送料の合計額を郵便振替で小社にお送り下さい。また、代金引換郵便でのご注文も、承っております（代引き手数料は小社負担）。

TEL：03（3818）6040　FAX：03（3818）2437

思考、すなわち生‐思考は禁欲であると述べることを拒むのか。

本当にドゥルーズの思考のなかには、あるものすごい痛みがあるのだ。この痛みは歓喜の反弁証法的な条件なのであって、存在があなたの口、手を介しておのれの唯一の叫び声(5) Unique clameur をあげるために自己を削ぎ落す。

生を贈り物や宝物、あるいは生存とみなさず、あらゆるカテゴリーが衰退しつつあるところへ立ち戻る思考とみなす人にとってのみ、存在の名は生である。あらゆる生は真っ裸である。どんな生であれ、それはむき出しになること、服、法規、道具〔器官〕を捨てさることである。ニヒリストのブラック・ホールへと進むのではない。逆に、現働化と潜在化が交換しあう点にとどまり、創造者、つまりドゥルーズが「純化された自動機械」と呼ぶもの、存在の非人称的な様相化への穴が徐々に増えていくような表面となるのである。

では困難はどこにあるのか。いわばニーチェにとってそうだったように、それは記号論〔しるしの理論〕、「記号となるもの」の理論のなかにある。人称的なものにおける非人称的なものの記号、現働的なものにおける潜在的なものの記号、定住民におけるノマドの記号、偶然における永遠回帰の記号、物質における記憶の記号、総合的に見れば〈閉じたもの〉における〈開いたもの〉の記号となるものの理論のなかにある。

ここでわたしのためらい、抵抗に触れなかったとしたら、わたしはドゥルーズに忠実であることになってしまうだろうか。わたしは、いかなるものも記号となることはないと確信しているし、ドゥルーズは、それがもっとも弱まっているときでも、そのもっとも微小な差異にも、見えるものの痕跡を保持することで、見えるものの何らかの解釈学にいまだあまりにも譲歩しすぎている。

ニーチェにおいて記号論が循環していることはよく知られている。こうしてツァラトゥストラは自分を、自らの先行者、自らの到来を告げる鳴き声を発する路上のニワトリのようなものとして同定しなければならない。超人の記号となるものは超人そのものである。つまり超人は人間における超人の到来の記号でしかない。出来事とその前兆を見分けることができないのである。ツァラトゥストラはツァラトゥストラの記号である。ニーチェの狂気は、その前兆にしたがって、世界の歴史を真っ二つにするためには、自分自身を壊す必要があるような、識別不可能の点に到達したことにある。というのも、世界が打ち砕かれる「偉大なる政治」の記号は、ニーチェの名の下で、トリノの通りを一人、人知れずさまよい、この政治が目前に迫っていると宣言する、気の毒なこの特異な者だけだからである。

しかし、ドゥルーズもニーチェと同じく、現働的で、閉じており、離接的な存在者のなかに、それらが偉大なる潜在的全体性へ共に帰属している徴を示すと同時に、存在の中性性がカテゴリーに分配されないように、この徴を破棄しなければならない。閉じたものは開いたものの記号を携え、それ自身において開いたものの記号とならなければならない。そうでなければ、わたしたちが思考することをどのようにして明らかにできるのだろうか。わたしたちが自分たちの現働性を閉じ込める柵を取り除かざるをえないことがあることをどのようにして理解すればよいのか。開いたもの、あるいは全体性の記号は、完全に閉じることはない。ドゥルーズが述べるように、「集合〔全体〕

は常にどこかで開かれるように保たれている。それを残りの宇宙に結びつけるごく細い糸によって、集合は開かれているかのようである」。この糸は、それがいかに細いとはいえ、アリアドネの導きの糸となる。それは、ドゥルーズの存在論的楽観主義を濃縮する。現働的な存在者がどれだけ離接的になり、閉じられることになりえようと、それらにおいてある薄い痕跡が思考を、それらを配置する全体的な生へと導く。このような痕跡がなければ、わたしたちは、開いたものにしたがって、あるいは開いたものの潜在性から、閉じたものを考える幸運に恵まれることはないだろう。というのも、いかなるものも決して絶対的に始まることはないのである。

しかし、同様に必然的であるのは、記号は存在せず、いかなるものもそれ自身で記号になることはない、ということである。なぜならそうでなければ、存在はもはや一義的でなくなるからだ。存在にしたがって、存在としての存在の意味があるのと同時に、存在の記号にしたがった存在の意味があることになるだろう。このためドゥルーズは、諸対象について語るとき、それらは実在的な部分と潜在的な部分をもつと肯定すると同時に、これら二つの部分は識別不可能であると肯定しなければならない。その結果、対象の潜在的な部分は、まさに対象が開かれるところであり、これが対象において全体性へと向かう記号となっているのだが、この潜在的な部分は本当のところ記号ではない。というのも、この潜在的な部分がその記号となっているところの対象の記号であるという機能を識別できないからである。現実には、閉じた集合の開かれる点は、細い糸よりさらに微小なものである。これは閉じたものに完全にとらわれた構成要素なのだが、同時に完全に開かれた構成要素でもある。思考はこれら二つの影響力を引き離すことができず、したがって思考は決して記号を他から切り離すことができない。

まったくニーチェと同じように、ドゥルーズは、存在が生という名をもつ条件となる一義性の公準を保つために、あらゆる事物は、ある曖昧な意味で、自分自身の記号のようなものであると措定しなければならない。ただし、自分自身としての自分自身の記号なのではなくて、〈全体〉の潜勢力の暫定的なシミュラークルとしての、一時的な様相としての自分自身の記号であると措定される。

しかし、事物が自分自身の記号であり、その記号の次元がその存在と識別不可能であるのであれば、あらゆるものは生であると述べても、記号であると述べても同じことになる。

存在の名が生になるのは、それを意味の一義的な潜勢力から考える場合である。もし存在を記号の普遍的な多義的分配から考えるのであれば、存在の名は関係となるだろう。

存在者は、非有機的な生としての存在に結びつけられると、それら自身完全に離接的で関係をもたないものとなるだろう。それらを関係としての存在に結びつける場合には、今度は存在者は完全に結び合い協和的なものとなるだろう。

思うに、このようにして多義的なものが存在のただ中に再び据えられるのである。〈おそらく、存在者の構成要素の識別不可能性が存在者を、ある場合には生の離接的総合へと、またある場合には関係の連接的分析へと多義的な仕方で向かわせるときに、カテゴリー的分配は、感覚可能なものか知解可能なものかといった偉大なるマクロ的分類から追いやられ、ミクロ的なものへと戻ってくることになるのだ。〉

ドゥルーズは巨大で、見事で、階層分岐した現象学的装置を組み立て、「存在＝出来事」という存在論的等式を書くことができたのだ、と述べることもできよう。しかし、この装置が捉えるもののもっとも微小な点において、おのれの存在が存在に属しているものが出来事であることは決してなく、その結果、存在は多義的なままにとどまってしまうことをわたしたちはまさに見出すのである。

こういうわけでこの天才の下で学んだわたしは、次のように述べなければならないと考える。つまり、存在のジェネリックな形式である、純粋な多は、出来事を自らの潜在的な構成要素として迎え入れることは、それ自体では決しておこらないのであり、逆に出来事は、まれに生じる計算不可能な補足によって、純粋な多にたいして到来するのである。

そのためには、〈全体〉を、〈生〉を犠牲にしなければならなかったし、ドゥルーズがその表面に魔法をかけた大いなる宇宙霊魂を犠牲にしなければならなかった。そのとき思考の一般的トポロジーは、かれの宣言とは異なり、もはや「肉的なものでも生命的なものでも」(6)ない。このトポロジーは、ロートレアモンが述べたような厳格な数学と、マラルメなら述べたような星々の詩が交差するような網にこそかかっているのである。

実は、一九世紀末の偉大な二人のサイコロの投擲者、すなわちニーチェとマラルメは、それぞれ自分のサイコロを選んでいた。依然としてわれわれも賭けへの大いなる哲学的熱情を広く共有している。そうだ、まさにこのことをドゥルーズはきっぱりと述べたのだ。――思考すること、それはサイコロを投げることである、と。

今から問おうと思うのは単に、ドゥルーズのような思考の遊戯者、サイコロの投擲者が、いかにしてスピノザを「哲学のキリスト」とするほどまで強調して、かれを引き合いに出すことができたのか、ということである。では〈実体〉の内在的な必然のなかで、偶然と賭けの場所はどこに見つかるのか。おそらく多くの解釈者と同様に、ドゥルーズはスピノザの存在論における数学の機能を見逃している。スピノザの存在論にわたしたちは最初の主題を見出す。というのも、スピノザにとっては数学だけが十全な観念から完全に構成されており、数学だけが存在を思考していると述べたとしても大げさではないからである。このことこそわたしが示したいと思っていることであり、ここで他に加えてスピノザを、ドゥルーズとわたしを対立させるものとしておく。わたしにとって、スピノザは哲学の〈反キリスト者〉ではない。むしろかれは哲学の過剰な〈番人〉なのだ。

第5章　スピノザの閉じた存在論

存在についての思考において、ある命題が数学の外で本来的に哲学的なものとして提示されるとき、その命題は「ある il y a」の一般性にかかっている。その命題はそのとき三つの根源的な操作を必ず呼び出すことになる。

まず、「ある」の名あるいは複数の名を構築し正当化しなければならない。たとえばわたしは「純粋な多」という名によってこれをおこなったし、ドゥルーズは「生」という名によってこれをおこなったのは、すでに見たとおりである。これらの名は、時により明晰に時により曖昧な選択において把握されるのだが、この名は一と多のあいだでのあるいは縫合や隙間のタイプにかかっている。

次に、「ある」の一貫性を評価するための出発点となる単数あるいは複数の関係を展開しなければならない。

最後に――そしてこれがあらゆる存在の哲学の複雑な総体なのであって、ここではこれは陰伏的な数学とみなされているのだが――、「ある」の名が想定し、あるいは支えるものにたいする、形式的な仕方で知解可能な関係の「手がかり prise」とわたしが呼ぶであろうところのもの、あるいはその関係の第一歩を保証しなければならない。

典型的な例を二つあげよう。これらは対称的である。すなわち、一方は詩的‐哲学的な例であり、他方は純粋に数学的な例である。

――すでに語ったルクレティウスの試みにおいて、「ある」は、空虚と原子という二つの名の下に想定される。そこでの関係は衝突と接触である。これら「ある」という名の構成要素にたいする関係の手がかりを保証するものは、割り当て不可能な出来事であるクリナメン *clinamen* つまり逸脱である。この出来事によって、原子の軌道の無差別性は、空虚を背景に関係になり、世界を構成する。

――わたしたちは、集合の数学理論が多‐存在の思考としての数学を完成させたと述べたが、この理論において、「ある」は空虚という、つまりは空集合というただ一つの名の下で想定されている。そこでのただ一つの関係は帰属関係である。その関係の「ある」にたいする手がかりを保証するのは、その関係の実効的な諸形式であり、これら諸形式は、諸公理に、集合論の操作的な公理においてコード化されている。この手がかりは空虚のみから、一つの「宇宙」を、つまり集合の超限的で累乗的なヒエラルキーを引き出すのである。

もっとも、おそらく手がかりのモデル、したがって存在の諸々の名を、それらを一貫させる関係にしたがわせる〔折り畳む〕思考の操作のモデルは、二つしかないだろう。ルクレティウスのモデルである出来事モデルと、公理論的モデルである。

スピノザは、過剰、偶然、そして主体を禁じることであらゆる出来事を排除し、公理論的な形象を絶対的に選ぶ。この観点からすると、「幾何学的な方法 *more geometrico*」は決定的である。それは思考の形式ではなく、原初的思考の決定の概略なのである。

『エチカ』を学校的に監査すると、ある強力な単純さをもたらすことになる。「ある」が索引づけられる名は一つだけであって、絶対的に無限な実体、つまり神である。認められるただ一つの関係は因果性である。名にたいする関係の手がかりは、「ある」それ自体の内在的な実効化である。というのも周知のように、第一部定理三四に、「神の力能はその本質そのものである」とあるからである。ここで言われているのは、同じく第一部定理一八の「神はすべての事物の内在的原因である」ということだけでなく、因果的関係の手がかりにおいて思考された神の同一性がそのようなものである、ということである。

それゆえ存在について、完全に肯定的、内在的そして内因的な命題を手にすることになる。個別的には、たとえばルクレティウスの存在論を構成する差異（空虚と原子がある〔という差異〕）はここでは絶対的に従属的であり、いわば名だけのものになる。表現の問題、これは一のしるしの下での「ある」の規定を変えることはない。他にも百カ所ほどあるなかから、第二部定理七の備考の一節を引用しよう。「ある延長の様態とこの様態の観念は同じただ一つのものであるが、二つの仕方で表現される *duobus modis expressa*」。

この単純さは明らかに単なる見かけのものである。実際、わたしたちが示すのは、以下のことである。

——第一に、「ある」の命名を可能にするものの多数の複雑な錯綜があり、この錯綜において、差異の明証性が常に要求されること。

——第二に、因果性というたった一つの根本的な関係があるのではなく、因果性に加えて、わたしがカップリング couplage、包含 inclusion と呼ぶ関係を併せて、少なくとも三つあること。

——第三に、「ある」という一のもとに、すべての点で例外的なあるタイプの特異性が、凹状に浮かびあがる。この特異性の形式的な特徴が主体の特徴となるのであって、これにスピノザは知性 *intellectus* という名をあたえる。この点でベルナール・ポトラの強力な示唆にしたがって、わたしはこの *intellectus* を「知力 intellect」と訳そうと思う。スピノザの存在論の核心に達するのは、この知力が、明示されている命題とは異質な、存在についての命題を要求することを理解するときである。

わたしたちが想起したように、『エチカ』において「ある」の名は神である。しかし、この名の構築——スピノザがその定義と呼ぶもの——はきわめて複雑である。

神は「絶対的に無限な存在者 *ens absolute infinitum*」である。潜在的な「ある」の命名のために、未規定の項である「存在者 *ens*」がすでに要求されていることに注意しよう。この潜在的な「ある」を予め了解することは、より深いものではないとしても、少なくともより外延の広い、ある存在論的な層へと差し向ける。「無限」は明らかに大きな問いである。というのもここでそれは、規定されていないものを規定するものであって、それはほとんど「ある」の「ある」だからである。こうして「無限」は、「それぞれが永遠かつ無限の本質を表現する無限の属性からなる実体」というように説明される。重要なのは、神的な無限の絶対性が質的なものでも、それ自身未規定なものでもないということである。この絶対性は実際、複数的な、それゆえ量的な無限へと差し向ける。量のしるし、つまり無限 *infinitum* が数えられる無限 *infinitas* を想定することのしるしは、この無限 *infinitas* が「それぞれの」属性、つまりそれぞれ *unumquodque* にしたがって思考されうることである。したがってこの無限は、分解不可能である諸単位、つまり諸属性を合成したものであることに疑いの余地はない。もちろん、無限の概念はそのとき差異の法則の下にある。属性の無数性が「それぞれの」属性の合成であるかぎり、根源的な差異の下でのみ、つまり、ある意味で属性がそれとは別の属性とは絶対的に異なるものであるとする差異の妥当性の下でのみ、この無数性は把握されうる。あるいは、神の無数性は神を実体として特異化し、神を「ある」の名とするものであるが、この無数性は、多のしるしの下でしか思考にたいして開示されない。このような多を知解可能にする支点となるものが、属性を表現する差異なのである。

しかし、属性とは何か。「属性によって、わたしが理解しているのは、知力がある実体について、その本質を構成するものと知覚するものである」と第一部定義四にある。属性とは、知力、知性 *intellectus* によって実体の本質と同定されたものである。こうして、神を存在とする特異化は、最終的に知性 *intellectus* が意味しなければならないものの解明、その最初の明証性にかかっていることになる。

シモン・ド・フリースから一六六三年二月に送られた手紙への返信[1]のなかで、スピノザは注意深く、「属性」という語がそれ自身、実体という名とは本質的に異なっており、「ある」の名にはならないと明言している。実体の定義を想起したあと、かれはこう付け加える。「これは、わたしが属性によって理解しているのと同じものであるが、ただこの属性という語は、実体にある特定の本質を帰する知力の観点 *respectu* からもちいられることだけがちがう」。こうして属性、そしてさらに、神的無数性を同定する多なる属性は、知力の機能〔関数〕となる。「ある」の一般的装置のうちには、神の名の下に、思考が神的無数性に、それゆえ「ある」そのものに合理的にアクセスする道を開くことができるかどうかがかかっている視点あるいは操作が特異な仕方で局在化したもの、つまり知力が存在しているのである。

　それゆえ、ドゥルーズ哲学の中心概念をもちいるなら、知力は襞の立場にあるということを認めなければならない。あるいは、今度はわたしの言葉を使えば、知力はねじれの作用素であると認めなければならない。知力は、神の内在的産出としては局在化可能だが、「ある」を神と命名することが支持されるためにもまた要求される。というのも知力の特異な作用だけが、無限実体としての神の存在の特異化に意味をあたえるからである。

　このねじれの思考は、思うに存在についてのスピノザの命題の謎であり鍵である。それはちょうど、クリナメンがルクレティウスの謎であり、連続体仮説が集合論の謎であるのと同じである。

　ねじれを思考する、というのは、どのようにして「ある」のスピノザ的な規定がその内的な襞、つまり知力へと回帰するのか、という問いを立てることである。あるいはもっと単純に、もし存在の、つまり「ある」の思考への合理的なアクセスがそれ自身知力の作用に依存している場合、どのように知力の存在を、「知力がある」を思考するのか、と問うことである。もう一度言い換えるなら、知力が働いているが、その作用はどのような存在の身分なのか、と問うことである。

知力の存在を思考するために求められるものすべて、あるいは思考の存在の思考が想定する、存在の思考とは異質なものを、スピノザの暗黙の存在論――これは存在についてのかれの思考を閉じる一連の操作でもある――と呼ぼう。

暗黙の存在論の調査の導きの糸は、内的な襞、したがって知性 *intellectus* という概念のスピノザによる構築 ‐ 変奏である。

一般的な出発点は、神の属性としての「思考 *cogitatio*」である。そこで問題になるのは、スピノザが「絶対的思考」と呼び、正確に知力から区別するものである。第一部定理三一の証明にはこうある。「自明であるが、知力によって実際わたしたちが理解しているのは、絶対的思考ではなく、単に、思考のある特定の様態である。この様態は、欲望、愛といった他の様態とは異なっている」。知力は、実体の属性の同定の出発点であるが、明らかにそれ自身思考属性の様態である。いわば、属性としての思考は、存在の絶対的開示であり、知力はこの開示の内的な襞、そこから開示一般が存在する襞なのである。

最初の描像において、知力は明らかに無限である。知力が無限であるのは必然的なことなのだが、それは知力が実体の無数の属性を同定する作用を支えるからである。知力は思考属性の直接無限様態の例そのもの、むしろ唯一の例ですらある。以下の第一部定理二一で直接的な無限様態は記述されるが、それらの存在の例が提示されることはない。「神の属性の絶対的な本性から生じるものはすべて、常に存在し、無限でなければならなかった」。一六七五年七月にシューラーという人がスピノザに「神によって直接産出された事物」の例を尋ねた[2]。スピノザはそれにたいして即座に次のように答えた。「思考の領域では」、その例は絶対的に無限な知力〔無限知性〕[3]である。

無限様態の概念そのものが、スピノザの存在論の配置関係においては、逆説的な位置を占める。事実、無限様態はア・プリオリな演繹も不可能であり、有限の経験に提示されることもないのだから、これらの無限様態のどれも、それが実在すると決意するのは不可能である。いわば、無限様態は、適切に形成された概念だが、実在としては決意不可能である。さて、決意不可能なものの実在は、公理論的な想定以外によっては決して決断を下すことができない。これはまさに無限な知力〔無限知性〕について見られることで、たとえば一六六五年一一月のオルデンブルクへの手紙のなかで、スピノザは次のように書いている。「わたしが措定する *statuo* のは、自然には思考の無限な潜勢力があたえられている、ということである[4]」。それゆえ無限な知力がもつのはこうして、経験あるいは証明される存在ではないとしても、少なくともある身分、「措定する *statuo*」ことが知力に付与する身分である。

このように措定されることで、無限な知力はきわめて錯綜した操作の支えとなる。

第一に、無限な知力は神の力能[5]〔潜勢力〕に尺度をあたえるものである。なぜなら、神が内在的力能として産出しうる、それゆえ産出しなければならないものこそ、まさに無限な知力が概念することのできるもののすべてだからである。第一部定理一六にはこうある。「神の本性の必然性から無限の事物が無限の様態で（つまり無限な知力〔無限知性〕の射程に入りうるものはすべて）生じなければならない」。無限な知力は、様態の可能性の外延にたいする様態的な規範である。無限な知力が知的に解しうるもののすべては、すなわち「無限な知力〔無限知性〕の射程に入りうるものはすべて *omnia quae sub intellectum infinitum cadere possunt*」実在しなければならない。

わたしたちが想像しうる他のいかなる無限様態にもこのような尺度となる能力がないことは明らかである。とりわけ、スピノザがあたえる直接無限様態の別の例、つまり運動と静止は、明らかに延長の側での無限な知力の対称項となっているのだが、しかしそのような能力をもってはいない。というのも運動と静止の純粋な概念からは、明らかに神の力能にたいするいかなる一般的な規定も生じないからである。

この非対称性の基礎は明らかである。これは、無限な知力が、思考属性の無限様態としての自らの内因的な規定の他に、まったく別の、外在的な規定を想定していることに起因する。知力の構成要素は観念であるが、知力は、それが認識するもの、つまり観念がそれの観念であるところのものによっても規定されるからである。こうして、一切の制約をもたない神の諸属性、そしてこれらの属性の変状といったものが、無限な知力によって、把握、理解、包括 *comprehendit* されるものを構成する。神とはたしかに、知力を無限様態としてそこに位置づけるところのものである。そしてこのことは因果性の存在論的関係に属している。すなわち知力は神の内在的効果〔帰結〕なのである。しかし、知力とは、神とその属性が、それによって理解されるもの、あるいは、それらが知力を構成する観念の相関物であるようなものでもある。あらゆる観念は、「何かの観念」であるのだから、それは観念の対応物と相関している。あるいは観念の対象が存在するのである。この意味で、神の属性と、これら属性の様態は、無限な知力の対象なのである。

対象はある意味で観念を特異化し同定するのであり、とりわけスピノザ本人が観念の「実在性」と呼ぶものについてそうである、とスピノザが宣言しているだけに、ある観念にとっての対象という基礎概念は一層強力である。こうして第二部定理一三の備考では次のように述べられる。「観念同士が、それらの対象と同様に異なっていること、一方の観念の対象が他方の観念の対象より勝っていてより多くの実在性を含んでいるかぎり、その観念は他方の観念より勝り、より多くの実在性を含んでいることを否定できない」。

明らかに、このことは、因果性とは別の、第二の根本的関係を前提しているのであり、つまりそれ自身は知力にとってのみ意味があり、知力を絶対的に特異化する、そういう関係を想定しているのである。というのも周知のように、経験論者とはまったく異なるスピノザにとって、観念とその観念されたもの、あるいは観念と観念の対象の関係は、決して因果的な作用に属することはないからである。これがとりわけ第三部定理二の意味である。「身体は精神を思考されるように決定することはできないし、精神も身体を運動あるいは静止するように決定することはできない」。観念とその対象のあいだには概念しうるようないかなる因果関係も存在しない。なぜなら因果関係は、厳密に同じ属性と同定されたものの内部において作動するのに、知力に属する観念の対象は、まさにここに問題の全体があるのだが、思考属性以外の属性の様態でありうるからである。

こうして属性同士の分離を跨ぎ越えるためには、因果性ではありえない特別な関係が必要である。

わたしはその関係をカップリング *couplage* と呼ぶことにしよう。知力に属する観念は常にある対象とカップリングされる。つまり思考の様態は常に別の様態とカップリングされるのだが、このカップリングされた別の様態は延長でも、思考でも、まったく別の属性でもありうるのである。

問題になっているのがある強い関係であることは、スピノザが迷うことなくそれを「合一 union」と呼んでいる事実が証言している。第二部定理一二の証明は次のように述べる。「精神が身体と合一していることを、わたしたちは身体が精神の対象であることから示した。したがってこれと同じ理由で、精神の観念はその対象と、つまり精神自身と結びついていなければならない。これは精神自身が身体と結びついているのと同じ仕方である」。ここでわかるように、一般的に、観念とその対象との合一があり、それには、属性同士の分離を乗り越えることも含まれている。この合一は、知力の操作の根本的な特異性なのであり、これをわたしはカップリングと呼ぶ。

明白なことだが、カップリングには規範があることを付け加えなければならない。観念は自分の対象と多少なりとも「ちゃんとカップリングされている bien couplée」。完遂されたカップリングが真理と呼ばれる。これこそ、第一部公理六が言っていることである。「真の観念はその観念されたものと一致しなければならない Idea vera debet cum suo ideato convenire.」。一致こそ、カップリングの規範であり、カップリングを真にするものである。この一致の規範はカップリングの関係と同じく〔属性にたいして〕外在的であり、因果性のように属性の規定に厳密に内在しているわけではない。第二部定義四の説明で、スピノザは真なるものの内因的な規範は、十全であることであり、最終的には因果性を参照するこの規範と、「真なる観念の外因的な名称、つまり観念とその対応物との一致」を区別しようとする。ここで一致は、因果性ではなくカップリングのほうを参照している。明らかに、知力以外のいかなる無限様態も、それを構成する条項に、観念の場合にそうであるように、カップリングの関係を支えるように要求することはない。また他の想定される無限様態が、カップリングの規範、つまり一致——この一致の結果が真理と呼ばれるのであるが——に適応する必要などさらにない。

カップリングの関係は、因果性の関係と同様、無限の連鎖を誘発する。たとえば、どのような様態にも原因があり、その原因にも原因があり、といった次第である。同じくあらゆる観念は自分の対象にカップリングして対になると、今度はその当の観念はその観念とカップリングする観念の対象にならざるをえない。これが観念の観念というきわめて有名な主題で、特に第二部定理二一の備考で、身体の観念としての精神と、観念の観念としての精神の観念の個別的な事例に基づいて検討されている。このテキストは微妙な仕方で存在論上の同一性とカップリングの関係を絡み合わせる。「精神と身体、これはただ一つの個物であって、それぞれは一方で思考属性の下で思考され、他方で延長属性の下で思考されている。それゆえ精神の観念と精神そのものはただ一つの同じもので、ただ一つの同じ属性、つまり思考属性の下で思考されている。(……)真実は、精神の観念、つまり観念の観念は、観念の形式ということで、対象との関係をもたない思考様態と思考するかぎり、この観念の形式以外の何ものでもない」。「ただ一つの同じもの」はカップリングの関係に潜むあらゆる差異を消失させるように見える。しかし、そのようなことはない。というのも、知力において把握されるようなカップルだけが、個物を同定するからである。とりわけそこから生じるのは、身体の観念は、属性間の分離を跨ぎ越えることによってカップリングするかぎり、必然的に、内在的な仕方で思考属性にカップリングしているこの身体の観念の観念からはいまだ区別されている、ということである。さらに次のように言うことができる。関係の下には、毎回同一性の効果があるのだと。同じ個物こそが身体として、また精神として、異なる仕方で知解されるのであり、続いて同じ精神こそが、二度知解されるのである。しかし、この同一性の効果が知解可能であるのは、知力のカテゴリーのなかだけであり、これらのカテゴリーはまさにカップリングにその起源をもつのである。

最終的に、無限な知力の動的構造は、根本的に特異なものであり、存在論的命名の一般原理からはみ出たものであることが明らかになる。

――この構造は無限様態に結びつく決定不可能性に依存している。

――この構造は神の力能〔潜在力〕全体をはかる。

――この構造は、因果性に加えて、もう一つの関係であるカップリングを課し、同一性の領域を転覆する。

――この構造は、その各点、つまりその各々の観念において、因果性にしたがってある無限の再帰性を耐えるだけでなく、カップリングにもしたがうのだが、それゆえに二つの無限の再帰性に耐える。

実際、無限な知力は、有名な第二部定理七で、それ自身によって例外となる。「観念の秩序と連鎖は事物の秩序と連鎖と同じである」。なぜなら思考以外のいかなる属性においても、知力自身の構造と同形の構造を概念すること——あるいは知力によって表象すること——はできないからである。それゆえ思考属性は、因果性の関係のみにしたがったとしても、他の属性と同形ではない。

今度は人間の知力、つまり有限な知力に至ると、ことがらはさらに複雑になる。

主な困難は次のようなものである。有限な知力は、無限な知力の変化、変状として思考されうるのだろうか。このことは、「ある」の内在的な規定を構成する関係としての因果性の関係によって課されているようにみえる。しかし残念ながら、そんなことはまったくない。なぜなら、第一部定理二二が証明しているように、「神の属性が、この属性によって必然的に無限なものとして存在する様態に変状したかぎり、この属性の帰結として生じるものはすべて、同様に必然的に存在し、無限でなければならない」からである。はっきり言えば、無限な知力のような、直接無限様態の帰結として生じるものはすべて、無限である。それゆえ有限な知力が無限の知力の結果であるような可能性はまったくないのである。だとすれば、なぜそれらは同じ名称をもっているのだろうか。

この問題を解くためにスピノザは、何の躊躇もなしにというわけではないが、因果性とカップリングのあとで、包含 inclusion とでも呼びうるような、第三の根本的関係を提案する。たしかに有限な知力は無限な知力の結果ではないが、それは、スピノザがわたしたちに言うところによれば、無限な知力の部分ではあるのだ。第二部定理一一の系が問題となっている概念の証明も説明もなしに述べているのは、実のところこのことである。「人間精神は神の無限な知力の部分である」。この包含関係は、まったく新しいものであり、わたしの考えではスピノザの存在論のもっとも大きな困難、つまり無限と有限の関係を実際に扱うものである。

まさに包含〔関係〕が、つまり集合の観点からの見解が問題になっていることは、その逆によって証明される。有限な知力は無限な知力の部分であるのと同様に、無限の知力は有限な知力を集めたもの、それらが揃ったものである。第五部定理四〇の備考は次のように述べる。「わたしたちの精神は、知的に理解しているかぎり、思考の永遠の様態である。この様態は思考のまた別の永遠の様態によって決定され、この後者の様態もさらにまた別の様態によって決定され、といった具合に無限につづく。こうしてこれらの様態は全部で、神の永遠かつ無限な知力〔無限知性〕を構成する」。有限な様態の無限な連なりを無限に加えたものである無限な知力は、それによって全体化される有限性の極限点であると述べることができる。逆に、有限な知力はその無限な総和の構成点である。因果性は、わたしたちを有限から脱出させることができないので、ここでは見かけの秩序でしかない。なぜなら第一部定理二八が証明するように、有限様態の原因は別の有限様態以外のものでは決してないからである。真の関係は包含的なのである。

スピノザは戸惑うこともなしに、全体‐部分の関係を制御なく取り扱うことの不都合とかれが思考するものについて別のところで語っている。しかし知力にかんしては同じ言葉によって人間の作用を指示するだけでなく、思考属性の内的な襞の作用を指示することを正当化するために、そうしなければならないのである。包含だけが、有限な知力〔有限知性〕の存在を包括的に説明するのである。

今、この知力の作用〔操作〕が何でありうるのかを探求するなら、それがカップリングの関係であることがすぐにわかるだろう。本質的なモチーフは、人間の精神をカップリングによって身体と同一視することである。この結果、いわば局在的なレヴェルにとどまることで、第三の包含関係を直接巻き込まずにすますことができる。人間の精神とは、一つの観念なのであって、それゆえ、無限の知力によって高次の様態に任命されるものの、有限な構成要素なのである。人間の精神は身体の観念なのである。

この純粋に局在的な処理の大きな利点は、有限な思考のうちに曖昧なものが存在していることを完全に説明してくれることである。カップリングの関係が、ある規範、つまり一致という規範をもっていることを実際思い出そう。もし観念が、自分とカップリングした対象と一致していないならば、その観念は曖昧であるか、真でないかのいずれかである。思考の曖昧さのすべては一致の規範によって生み出され、測られる。その鍵は第二部定理二四である。「人間の精神は、人間の身体を構成する部分の十全な認識を含まない」。このことを同じ第二部定理一九の証明ではもっとはっきりと述べられる。「人間の精神は人間の身体を知らない」。

この問題の取り組み方の複雑さについて指摘しよう。存在論的には、精神とは観念、つまりは身体の観念である。しかしだからといって精神はその対象を知っていることにはならない。なぜなら、観念と観念の対象のカップリングの関係は程度を受け入れうるがゆえに、多かれ少なかれ一致の規範にしたがうからである。問題となるのが、複雑な観念、身体の複数的な構成に結びついた観念であるだけいっそう、このカップリングの関係は一致の規範にしたがうことになる。

最終的に、有限な知力の存在論は、第三の包含関係の利用のおかげで、第五部のすべての主題を説明することになる。わたしたちは無限な知力の部分であるがゆえに、自分たちが永遠であることを経験する。この知力の作用の理論は、第二のカップリングの関係を使うことによって、第三部と第四部の主題を明らかにする。わたしたちは、自分自身の知力がどのようなものになりえるかについて十全な観念を直接的にはもたないのである。

二つの間のつながりはたしかに単純ではない。実際、困難は次のようなものになる。有限な知力が、対象の知識を伴っていない身体との観念的カップリングとして定義されるならば、この有限な知力はどうやって真なる観念をもちうるのだろうか。たしかに、包含関係はそのことを説明してくれるのだが、その説明は大域的なメタファーでしかない。真理の局在的な作用とはいかなるものであるのか。

問題は、一致の規範という外因的な意味において、わたしたちが真なる観念をもっていることを知ることではない。なぜなら、わたしたちは真なる観念をもっていることを経験するからである。真なる観念は、カップリング、一致による認証も含めて、おのずからおのれを証明する。第二部定理四三の備考はこの有名な主題を展開する。「どうやって人は、観念されたものと一致する観念を自分がもっていることを知りうるのだろうか。わたしは、観念されたものと一致する観念をひとがもっているということ、ただそれだけから、言いかえれば、真理は真理それ自体の規範であるということから生じることを、十二分に示したばかりである」。スピノザはこの点で、カップリングによる操作的なアプローチと包含によるまさに存在論的なアプローチを統合しようとする。というのもかれは続いて次のように書いているからである。「付け加えよう。わたしたちの精神は、真理において事物を知覚するかぎりにおいて、神の無限な知力〔無限知性〕の部分である」。こうして真なる観念の実在は、有限な知力が無限な知力に包含されることによって大域的に保証され、カップリングの一致が白日の下で開示されることによって局在的に保証されるのである。

真の問題は、いかにしてという問いである。すなわち、有限な知力は、身体の観念であるのだが、しかしその対象である身体の認識を、有限な知力はもっていない。それにもかかわらず、いかにして　有限な知力は真なる観念を手にするのか。

実在的ではないのだから、厳密に言って操作的であるはずのこの問題の解決は、第二部の定理三八から四〇までのあいだに生み出される。これらの定理が明らかにするのは、すべての物体あるいはすべての観念に、すなわちそれが存在するかぎりで存在するすべてのものに共通する性質を参照するいかなる観念も、必然的に真であるということ、そして、真なる観念から生じるいかなる観念も同じく真であるということである。

言いかえれば、わたしたちの精神が観念されたものであるこの特異な身体については、真なる認識は存在していない、ということである。しかし、すべての物体に共通なもの、つまりその帰結として特異的ではないものについては、有限な知力のなかに、それとカップリングすることができるがゆえに、その真なる観念が存在している。

わたしたちは真なる観念をもっている。というのも有限な知力は、特異的でない対象、共通の対象にカップリングした観念を保持するからである。

最後に、真正の理性は共通概念によって織り上げられている。

普遍者と、存在内容をもたない異義語にたいするスピノザの絶えざる論争はよく知られている。

ある意味で、かれの学説は、神的な「ある」の内在的な効果によって、特異なものの実在のみを認めるのだとも言える。別の側面から見れば、真なる観念の局在的な作用についての許容可能な唯一の証明は、特異なものの共通概念に、つまり特異なもののジェネリックな特性に依拠している。真理はジェネリックなものなのであって、それは存在が特異なものの潜勢力であるときでさえ、そうなのである。

スピノザは繰り返すことをためらわない。「共通と呼ばれる概念はわたしたちの演繹能力の基礎である」。第二部定理四四系二の証明では、さらにきっぱりと次のように述べる。「理性の基礎 *fondamenta rationis* はすべてに共通するものを説明し、決して特異なものの本質を説明しない概念である。この理由で、この概念は時間といかなる関係もなく、ある種の永遠の下で思考されなければならない」。

第三種認識は本質的に理性とは異なり、わたしたちに特異性そのものの「側の」(あるいは純粋に直観的な)道を開くという反論は成り立たない。この論争はあまりにも古く複雑なので、ここで詳細に説明することはしない。次のことだけ指摘しておこう。第五部の序文は、完全に一般的な仕方で「精神の潜在力」を「理性」と同一視する。そこでは「わたしは精神あるいは理性の力能〔潜在力〕だけを扱う」と述べられる。また有名な定式にしたがうなら、「精神の眼は論証そのものであるので、第三種認識がまさに「直観知」であるとしても、この眼の「直観」は明らかに、論証を「一挙に」把握すること、共通概念のあいだの演繹的なつながりを瞬間的に踏破することでしかありえない。このことで、有限な知力の真なる観念が包囲されている純粋な普遍性からわたしたちを解放することはできないだろう。

こうしてわたしたちは、出発点であった永遠の純粋な公理論的なものに再び戻ってきた。なぜなら、有限な知力にとって、思考可能な場が「すべてに共通なもの」によって保証されるとしても、実際のところ問題となるのは、「ある」の装置、つまり神の無限性がどの属性でも同一であるということだからである。

スピノザの存在論は知力の構造を介して循環しつつ閉じるが、この閉鎖性は複雑な図式によって練り上げられている。したがって、これらの図式を振り返っておくのがよいだろう。

（1）〈神〉の名の下で「ある」を同定する道が開かれることが可能であるのは、差異を予め了解することによってのみである。そしてこの差異が、今度は神の無限性の純粋に延長的な構想を支える。

（2）神の無限性の延長的な構想の可能性は、属性にとっても、神の潜勢力の尺度にとっても、無限な知力という、ある内的な襞、ある還元不可能な特異性を前提している。

（3）無限な知力は、主体の特徴ではないにせよ、少なくとも主体的な様相の、あるいはその結果と結びついた述語的な潜勢力のすべての特徴をもっている。無限な知力は、直接無限様態であるかぎり、実在を確立する通常の道に入ることができない。したがってこの知力は実在にかんしては決定不可能である。その構造において、無限な知力は、最初に提示された因果性というただ一つ関係とは無縁な、ある関係を要求する。この二番目の関係がカップリングである。この関係にはある規範が、つまり真理を保証する一致 convenance がある。いわば知力の作用は、真理の作用として、非定型的 atypique である。最後に、カップリングは知力のどのような点も無限化するのだが、それは因果性が「ある」のあらゆる点を無限化するのと同様である。言うなれば知力は、内因的な仕方で内在的な産出力を裏打ちするものである。

実在の非決定性、作用の非定型な特徴、裏打ちの効果、これらこそ、知力を主体‐効果の様相〔主語〕と同定するものであるように見える。

（4）今度は、人間の知力、有限な知力、あるいは精神が、局在化されるために、三番目の関係である包含関係が要求される。カップリング関係が異なる属性のあいだでの分離を乗り越えることを可能にするように、包含関係は有限と無限のあいだの分離を乗り越えることを可能にする。知力はそのとき存在論的には無限な知力の局在的な点として決定され、無限な知力はそのような点を集めなおしたものになる。無限な知力が主体的効果の内因的な様相であると述べることが適切であるなら、人間の知力は、局在化された主体的効果である。あるいはそれは主体の微分である。あるいは単刀直入に言って、それは主体である。

（5）人間の知力は同様にカップリングによっても定義されうる。そのことからはすぐに、真理という点だけが公理論的であり一般的であるということが帰結する。特異性は、局在的な主体のあらゆる微分から減算される。また次のようにも述べられる。ある主体が、それゆえ人間の精神が真理にたいしてもつ唯一の受容力は、存在の数学、あるいは数学的に思考された存在である。すなわち、あらゆる真理はジェネリックである。

あるいは、次のようにも述べられる。存在について思考可能なものは数学的である。

こうしてわたしは次のように結論することができる。「幾何学的方法 *more geometrico*」とは、存在の思考として、「ある」の思考として、真なる思考そのものである。人は存在を「幾何学的方法 *more geometrico*」によってしか思考することができないのである。逆に、あらゆる数学的思考は、有限な局在化における存在の思考なのである。こういうわけで実際「精神の眼は論証そのものである」。つまりわたしたちは数学の外では盲目なのだ。

この帰結は、わたしの考えでは、確かなものである。神は数学性それ自体として理解されなければならない。「ある」の名は、マテームである。

しかし、スピノザ自身のテクストのなかでこの帰結を証明するためには――わたしはこの過程を閉鎖の操作と呼んでいるのだが――、「ある」の命名によっては規範化されない思考空間を開かなければならない。この空間を構成する項は、非決定、差異、主体、決定不可能性、非定型性、カップリング、裏打ち、包含、真理のジェネリック性、それに他のいくつかのものである。

この数学的なものの逆、あるいは裏を明らかにするには、「ある」から自らを除外することができる、あるいは「ある」を補うことができる基盤となるカテゴリーが欠けている。ここにこそ、わたしが他の者たちに倣って「出来事」と呼んだものが現れなければならないだろう。出来事は時間の基礎にもなる、あるいはむしろ、出来事から出来事へと生起することによって、複数の時間を基礎づける。しかし、スピノザはそれについて何も知ろうとはしなかった。かれは、かれ自身の表現を借りれば、「時間といかなる関係ももたずに」思考しようとしたのであり、自由を「神への恒常的な永遠の愛のなかに」、マテームの純粋な高揚のなかに、あるいは「ある」の愛のなかに、直観による論証の短縮、精神の眼の一瞥以外のものでは決してない「知的」愛のなかに見たのだ、と言ってよいだろう。

しかしながら、それとは異なる思考も、〔スピノザの〕この排他的な思考の裏面それ自体のなかで開かれる。この思考は多‐存在の数学性を引き受けることになり、この側面からみればその思考は明らかにスピノザ的であろう。しかし、これらの思考の真のはずみ élan véritable は、むしろ暗黙裡の、逆説的なスピノザ主義から、すなわち「知力」の名の下に主体の逆説が現れる出来事のねじれから引き出されるだろう。

これらの思考はマテームを高揚させるだろうが、この高揚を超えるもの、この高揚を待ちわびていたものを気にかけ、この高揚に神の名をあたえることに同意しないだろう。

こういうわけで、これらの思考は無限に通じる道を手にすることになるのだが、だからといって有限性に邪魔をされることもないだろう。この点でこれらの思考が再び見出す着想は、スピノザ的ではなく、プラトン的なものとなる。

プラトン主義、それは大きな問いである。わたしは、プラトンが、存在としての存在の学知としての数学の射程を発見すると同時、それを過小評価していたと指摘したが、この問題は先送りにされていた。また、数学の経験的（アリストテレス的）な見方にたいして、プラトン主義的な直接的な道を取るのは後だと言ってもいた。しかしその時は来た。

第6章　プラトン主義と数学的存在論

ベナセラフとパトナムが編んだ論文集『数学の哲学』の序文に次のような文がある。

プラトン主義者とは、数学について、数学者の営みや思考から独立して存在する諸構造にかんする真理の発見である、と考える者のことである(1)。

この数学的構造（あるいは対象）の外部性（あるいは超越性）の基準にしたがえば、「科学哲学」の仕事のほとんど全部に「プラトン主義」を同定することになる。さて、この同定はたしかに不正確である。そしてこの不正確さは、この同定が「プラトン主義者」にたいして、内部と外部、認識主体と認識される「対象」の区別といった、真のプラトン的装置とはまったく無関係な区別を想定することによる。いくらこの区別が現在の認識論に根を下ろしていて、主体と主体的なものから見た対象、客観性という主題が確立されているとはいえ、このような前提から出発しては、プラトンにおいて働いている思考過程を完全に見逃すのが目に見えている。

まず、数学的構造の「独立した実在」は、プラトンにとって完全に相対的なものであることを指摘しよう。想起の比喩が示すのはまさに、思考は、自らがそこから引き離されるような「客観性」と出会うことはないし、これからも決してない、ということである。イデアは常にすでにそこにある。もしイデアが思考のなかで「現働化可能」でないなら、イデアは思考不可能なままだろう。より個別的に数学的イデアについて言えば、『メノン』の具体的な証明全体は、もっとも教育を受けていない思考、もっとも無記名的な思考、つまり奴隷の思考にあってさえも、そのイデアが現前するということを立証するものである。

プラトンが根本的に気にかけていたのは、認識されるものと認識する精神の内在的な同一性、相互帰属性 coappartenance であって、いわばそれらのあいだの本質的な存在論的通約可能性を宣言することにある。もしプラトンが、「思考することと存在することは同じである(2)」と主張するパルメニデスの息子であるようなところがあるとすれば、それはまさにこの点である。数学が内因的に思考であるのは、それが存在に関わるかぎりにおいてである。逆に数学が思考であるなら、数学はそれ自体において存在に触れる。外的対象を「めざさ」なければならないというような認識主体のモチーフ――想定される対象が観念であるとはいえ、このモチーフは経験主義に由来する――は、プラトンが数学の実在を哲学的に使用する際のモチーフとしては完全に不適切である。

プラトンは、「それ自体で」存在する数学的構造を気にかけていないのだが、それは以下の理由による。

（1）イデア性とは、思考可能なものに生じるものについての一般的な命名であって、数学を特異なものにするものはそこには何もないからである。年老いたパルメニデスが若きソクラテスに気づかせるように、わたしたちは泥あるいは髪の毛を思考するかぎりにおいて、泥のイデアや髪の毛のイデアが存在することを認めなければならない。実際、「イデア」とは、思考されるものが思考されるかぎりにおいて、その名である。プラトン的主題はまさに、内在と超越を識別不可能にし、この区別が働かない思考の場所において自らを確立することにある。ある数学的イデアは主観的（「数学者の営み」）でもなければ、客観的（「独立して存在する諸構造」）でもない。そのようなイデアとは、ただ一つの運動による感覚可能なものからの断絶と知解可能なものの措定である。つまりそれは思考と呼ばなければならないものである。

（2）プラトンの関心を引いているのは、数学的「対象」なるものの身分ではなく、思考の運動であるからだ。というのも、数学が呼び出されるにしても、それは最終的に、〔数学との〕差異によって弁証術を同定するためでしかないからである。さて、思考可能なものにおいて、すべてはイデアである。したがって、「客観性」の側に、それが何であれ、思考の体制 régimes にかんする何らかの違いを探しても無駄である。（仮説から出発するのか、原理にさかのぼる、といった）運動の特異性だけが、数学者の「論証的認識 *dianoia*」を弁証術的（あるいは哲学的な）知的理解から区別することを可能にする。「対象」間の分離は二次的であって、常に曖昧である。対象間の分離は思考において取り出された指標を「存在において」下請けしたものである。

最後に、ひとつだけ確かなことがある。数学は思考であり（プラトンの言葉で言えば、感覚可能な直接的なものから手を切るということになる）、弁証術もまた思考である。これら二つの思考はそれらが行使される手順について考えた際に、異なる思考となる。

ここから、「哲学する」ことの数学的条件についてのプラトン的な碑文を定義することを試みることができる。

プラトン的であるとは、感覚可能な経験や言語の経験には移行しない思考、すなわち決定不可能性に場所を譲る決意に依存し、一貫しているものはすべて実在すると仮定する思考として数学を承認することである。

このプラトン主義の「定義」の論争的な射程を測るために、フレンケルとバー・ヒレルとレヴィが『集合論の基礎』で提案した定義に目を向けてみよう。

> プラトン主義者が合意しているのは、きちんと定義されたモナド的な条件（ここで問題になっているのは、$P(x)$ タイプの、ある変数にある述語を付与すること）に結びつけられるなら、この条件を満たすあらゆる存在者を、そしてその存在者だけを含むある集合、あるいはあるクラスが一般に実在するということである。ただし、その集合あるいはクラスの存在論的な身分については、その要素の身分と類似したものである。(3)

わたしは、プラトン主義者がこのようなことに納得できるとはまったく思わない。プラトン自身は、概念あるいはきちんと定義された命題の相関項が、空虚であったり一貫していなかったりすることもありうること、あるいは概念や命題に対応する「存在者」が、法外な存在論的身分を、その出発点となった定式に関わっているものすべてにたいして要求しうることを絶えず示そうとしている。たとえば、〈善〉〔という概念〕の相関項は、その概念がいくら明確に定義可能だとしても、またその実践的な審級がいくら明らかだとしても、存在においてはイデアの身分にたいして特例を要求する（〈善〉はイデアの「彼方」にある）。『パルメニデス』の明示的な使命は、「一は存在する」、「一は存在しない」という完全に明晰な命題を取りあげることによって、一と「一以外のもの」の相関項についてどのような想定がなされたとしても、ある不合理に到達することを証明することにある。これはつまり、絶対的な決定不可性についての議論の、とはいえ純粋に哲学的ではあるが、最初の例なのである。

フレンケルとバー・ヒレルの宣言とは逆に、決定不可能性は、プラトン主義にとって肝となるカテゴリーであり、きちんと定義された定式にはある思考可能な存在者が対応するということは決して予見可能なわけではない、とわたしは主張する。この決定不可能なものは、プラトン主義者が、ある実在を決定するのに、言語の明晰さをまったくあてにしていないということを知らしめている。この意味で、プラトン的であるツェルメロの公理は、あるあたえられた定式にたいして、その定式を妥当にする「存在者」の実在、およびその存在者を集めたものの実在を、前もってあたえられた実在する集合のうちでのみ認める。なぜなら思考には存在による恒常的で内在的な保証が必要だからである。

決定不可能なものは、実質的には対話のアポリア的スタイルを命じるものである。つまり、それは決定不可能なものの点へと導くことであり、それによって存在の出来事の観点から思考はまさに決意すべきであることを、そして思考はまずもって記述でも構築でもなく、（臆見との、つまり経験との）ある切断であり、したがってある決意であることを示すためである。

ゲーデルは、常に「数学の哲学」によって「プラトン主義者」に分類されるが、ゲーデルは実際きわめて明敏であるようにわたしには思われる。

有名なテキスト「カントールの連続体の問題とは何か」の以下の一節を考えてみよう。

結局、数学的直観の対象の客観的実在の問いは（ついでに述べておくと、これは外的世界の客観的実在の問いの正確なレプリカである）、ここで議論される問題にとって決定的ではない。集合論の諸公理やこれらの公理の拡張からなる開かれた系列を生み出すのに十分明晰な直観が実在するという単なる心理学的事実は、カントールの連続体仮説のような命題の真偽を問う問題に意味をあたえるのに十分である。それでもおそらく他の何にもまして、集合論における真理の基準を受け入れさせるのは、数学的直観に繰り返し訴えることが、超限集合論の問いにたいして曖昧でない答えをえるためだけでなく、有限数論の（ゴールトバッハ予想のようなタイプの）諸問題の解決にとっても不可欠だということである。この有限数論の諸問題は、それが問題にしている諸概念が意味をもっており曖昧でないという特徴にたいしては疑いの余地のないものである。以上のことは、あらゆる公理系にとって、このタイプの決定不可能命題が無数

に存在するという事実から帰結する。(4)

この「プラトン的な」テキストがもつもっとも重要な特徴とは何だろうか。

――ここでの「直観」という語には、諸公理の知解可能性にかんする発明をおこなう思考の決意、ということ以外の意味はない。ゲーデルの表現そのものによれば、問題になるのは、「集合論の諸公理を生み出す」能力であり、この能力が実在することは「純粋な事実」である。直観的な機能は、「外的な」存在者を把握することではなく、最初の命題、つまり還元不可能な命題を明晰な仕方で決意することにある、と指摘しよう。公理の包括的な発明は、思考としての数学の命題を証しだてるものであり、したがって、数学的命題を真理に開示するものである。

――対象と想定されているものの「客観的」実在の問いは、二次的なものであると明示的に宣言されている（それは「ここで議論される問題にとって決定的ではない」）。さらに、この問いは数学をまったく特徴づけない。というのも、この実在は、外的世界の実在と同じ困難に直面しているからである。実際、数学的実在に、単なる実在以上のものも、以下のものも見ないところはきわめてプラトン的である。いずれの場合も、思考可能なもの（泥、髪の毛、三角形、複素数）に、それの存在以外のものであるような、その実在について尋ねることができる。なぜならその存在についてなら、思考がその存在を包蔵しているということだけで証明になるからである。

――決定的な問題は真理の問題である。発明をおこなう思考が存在する（そして公理の知解可能性がその事実を証しだてる）やいなや、この思考が認める命題の「真偽を問う問題に意味をあたえる」ことができる。イデアとしての思考可能なものが必然的に存在に触れていることからまさに、この意味が生じるのである。そして「真理」は、存在と思考をただ一つの過程のなかで縒り合わせるものの名称以外のものでは決してないことから、この意味が生じるのである。

——無限と有限は、思考にとって、さほど重要な区別ではない。ゲーデルは、「真理の基準を受け入れ」るのは、直観（すなわち公理化をおこなう決意）が、超限数の集合論にかんする問題だけでなく有限数論の問題を解決するためにも絶えず要求されるということから帰結するという事実を強調する。つまり、唯一重要な思考の運動は、無限においても有限においても、本質的に変わらないということである。

——決定不可能なものは、数学と組織的に結びついている。時折言われるように、「極限」が問題なのではなく、発明的直観を行使するよう絶えず促すことのほうがむしろ問題である。基礎づけとなる諸公理のなかで取り上げなおされる数学的思考のあらゆる装置は、決定不可能なものを含んでいる。このことから帰結するのは、直観が役に立たないということは決してないということである。なぜなら、数学は常に決意しなおされなければならないからである。

最後に、近代数学の条件、したがって存在論にかんして、プラトン主義的哲学の方向性と呼ぶことが正当であるものの特徴を三点挙げよう。

（1）数学は思考である。

すでにこの主張を長々と展開したが、この主張はとても重要なので、少なくとももう一度強調しておきたい。例としてこの分野について無知であったわけではないヴィトゲンシュタインが、「数学の命題はいかなる思考も表現していない」（『論理哲学論考』六・二一一）と宣言することを思い起こそう。かれはいつもの徹底性で、あらゆる経験論だけでなくあらゆる懐疑論の中心的なテーゼを繰り返しているにすぎない。わたしたちが、この主張を最終的に反駁することは決してないのだろう。

数学は思考である、ということが意味するのはとりわけ、数学にかんしては、認識主体と認識される対象のあいだの区別には何の妥当性もない、ということである。思考によって調整された運動が存在するのであり、この運動はその思考が包蔵する存在と共外延的であるのだが――これはプラトンが「イデア」と名付けた共外延性である――、この運動のなかでは、発見と発明はまさしく識別不可能である。ちょうどイデアとそのイデアの対応物が識別不可能であるのと同様である。

（2）あらゆる思考――したがって数学――は、決定不可能なもの（演繹不可能なもの）の点において決意（直観）と関わる。

この特徴から、思考可能なものにかんする選択原理の最大限の拡張が帰結する。決意が最初にあり、しかも継続して要求されるのだから、その決意を、構築のための手続きや外的に標準化された手続きに還元しようとしても無駄である。逆に構築の制約（しばしば「直観主義的な」制約と呼ばれるのは良くない。というのも直観を真に保持しているのはプラトン主義者だからである）は、思考する決意の自由に従属させなければならない。こういうわけで、プラトン主義者は、思考の効果が最大になるやいなや、排中律、したがって背理法を自由に使用することに、いかなる文句もつけることはないだろう。

（3） 数学における実在の問題は、思考されるものの知解可能な一貫性のみを問う。実在はここで、思考が存在を包蔵するかぎり、実効的な思考に内因的である規定と考えなければならない。思考が存在を包蔵していないことは、常に非一貫性によって証しだてられるのであって、この非一貫性は決定不可能性から注意深く区別されなければならない。存在と思考と一貫性は、数学においてはただ一つの同じものである。

これらの特徴から、現代のプラトン主義者、つまり多‐存在のプラトン主義者を識別する重要な諸帰結が生じる。

――第一の特徴は、ゲーデルが指摘するように、実無限の「パラドックス」といわれるものへの無関心である。無限が確立する知解可能性の領域が、公理を立てる直観においても証明の手続きにおいても、明らかに特定の問題を何も提起することがないかぎり、そのパラドックスを気にかける理由は、常に心理学的なものか、経験的なものか、外因的なものである。したがってそのような理由は、数学が決定する思考可能なものの体制にかんして、数学の自足性を否定するものでしかない。

――第二の特徴は、実在を認める際に、最大のものを欲することである、実在が多ければ多いほどよいのである。プラトン主義者は思考の大胆さを操る。かれは外から来る制限や検閲（とりわけあまりにも小心な哲学的命題から生じる制限や検閲）を嫌う。思考は、自らが包蔵する存在のおかげで、非一貫性へ陥らずにすんでいるかぎりは、思い切って実在を想定できるし、またそうしなければならない。こうして思考は、強度化の線をたどるのである。

――最後の特徴は、ある明白な選択が数学の生成に課されるとき、ある基準が承認されるということである。この基準とはまさに、一貫した思考可能なものを最大限拡張するという基準である。こうしてプラトン主義者は選択公理を否定するよりもむしろ、それを認める。なぜなら、選択公理をもつ宇宙は、それを認めない宇宙よりも、有意義な結合にかんして広く、濃密だからである。反対推論によって〔逆に〕、プラトン主義者は、連続体仮説を認めることにかんしては慎重であり、構築可能性の仮説にかんしてはさらに慎重である。というのもこれらの仮説にしたがって調整された宇宙は、狭く制限されるように見えるからである。構築可能な宇宙はとりわけ狭量でさえある。ロウボトムが証明したのは、[5] もし特別な種類の巨大基数（ラムゼイ基数）が認められるならば、構築可能な実在は可算である、[6] ということである。可算連続体はプラトン主義者にとってあまりに制約の強すぎる直観であるように見える。ロウボトムの定理は、このことをさらに確信させてくれる。決意された一貫性は、制御された構築よりも優先されるのである。

このとき確認されるのは、数学についての「集合論的な」決意、すなわち純粋な多としての存在の思考を明らかにするものであることをわたしが示したカントールの考え方を存在論として取り上げなおしたものは、今言った意味でのプラトン的な方向性をあたえるということである。しかもこれは、カントールの後継者のうちで（コーエンとともに）もっとも偉大な人物であるゲーデルの哲学的選択が確信するところである。

つまり、集合論は、（公理論的な）決意が（定義論的な）構築に勝る理論の典型例なのである。もっとも二〇世紀の経験論者と「言語論的転回」の信奉者たちは、集合論が、その有機的な概念であるところの集合概念を、いまだ定義してもいないし、解明してさえいないと反論せずにはいない。

それにたいしてゲーデルのようなプラトン主義者はいつも、重要なのは真理空間を構成する公理論的な直観であって、原始的関係についての論理的定義ではない、と答えることになる。

アリストテレス的な方向性（実体性の第一の特異化としての潜勢力）とも、ライプニッツ的な方向性（「存在への事前の要求」としての論理的可能）とも異なり、集合論が知っているのは現実的多だけである。現実性が存在の実効的な形式であること、可能性や潜勢態は虚構であること、これらは根本的にプラトン主義的なモチーフである。これにかんして集合論の関数概念の扱いほど大きな意味をもつものはない。空間的な図式、さらには物理的な図式が携えている動的な演算子のように見えるもの（$y=f(x)$ である場合、y は変数 x の関数として「変化する」と言われる、などなど）は、集合論の枠組みにおいては、現実的多として厳密に処理される。関数は、多‐存在としてそのグラフを、つまりその要素が (x, y) タイプの順序対であるような集合をもつのであって、あらゆる動的な仄めかし、「変化している」などといった仄めかしは消去される。

同じ仕方で、「極限」という概念は、生成の経験、何かをめざす経験、漸近的な運動の経験によって示されるとしても、あるタイプの多数性の内在的な特徴に還元される。こうしてある極限順序数は、それを同定するのに、それらの限界であるような順序数の系列が「めざす」ところのものとして表象される必要はないのである。その極限順序数がこの系列そのものであるという正当な理由によって、そのような必要はないのである（この系列の要素は極限順序数を集合として定義するものである）。自然数全体の「後に」来る、超限順序数 $\aleph_0$ とは、すべての自然数からなる集合に他ならない。

プラトン的な発想の系統にあたることが明らかであるものにおいては、潜在性はいたるところで現実性として考えられる。存在のタイプはただ一つ、すなわち「イデア」(あるいはここで言うところの集合)しかない。それゆえ現働化というものは存在しない。というのも、あらゆる現働化は、実在することとの体制を複数(少なくとも潜勢態と現実態の二つ)認めるよう想定するからである。

他方、集合論は実在の最大化の原則にしたがう。カントールからしてすでに、集合論の構想は、それ以前のあらゆる制約、すなわち――外因的とみなされた――「有理的な raisonnable」実在のすべての基準をはみ出していくことにある。徐々に巨大になっていく基数(到達不能基数、マーロ基数、可測基数、〔弱〕コンパクト基数、超コンパクト基数、膨大基数等)を認めることは集合論の自然な発想である。しかし同様に、超現実数の理論に立つと、すべての種類の無限小が認められる。さらに、このような配置が展開するのは、徐々に飽和し複雑になる存在の「レヴェル」、つまりある存在論的な階層(累積的階層)である。この階層は、今度はネオ・プラトニズム的な色合いをもつ直観にしたがっていて、階層の(非一貫的)「全体性」は常に一貫した仕方でそのレヴェルのうちの一つにおいて、次のような意味で反映される。すなわち、ある命題が「宇宙全体について」妥当であるとすれば(言いかえれば、量化子が束縛されないものとして理解されるなら、つまり「すべての x について」が「宇宙全体の任意の集合について」という意味であるなら)、この命題が妥当であるような集合が実在する(この場合、量化子は当該の集合に「相対化されている」ものとして理解される)。つまりこのことは、「制限された宇宙」とみなされたこの集合が、命題の普遍的な値を反映し、局在化することを意味しているのである。

この反映定理[7]がわたしたちに教えるのは、「制限なき」存在について述べることのできることは、同様にある場所でも述べることができる、ということである。あるいはまた、あらゆる命題は局在化が可能となることが予め規定されている、ということである。この定理には、すべての合理的な語りの知解可能な局在化というプラトン的な主題が認められるだろう。これこそまさに、存在が「立ち現れつつある」[8]とき、あるいは存在が自然的なあり方をしているとき、イデアによってなされる「裁断」の操作であるとしてハイデガーが批判するところのものである。

より本質的に、集合論のプラトン的使命が関わっているのは、あらゆる哲学的存在論を構成する三つのカテゴリーであって、すなわち差異、存在の原初的な名、そして決定不可能なもの、である。

プラトンにとって、差異は〈異 l'Autre〉[9]のイデアによって調整される。『ソピステス』で提示されるこの〈異〉のイデアは、差異の知解可能な局在化を必然的に含意している。あるイデアが〈異〉を「分有」するかぎり、そのイデアはそうでないものとは異なることが示されうる。それゆえ差異の局在化可能な評価が存在しているのである。つまり、あるイデアが「それ自身と同じ」であっても、異なるイデアとしての〈異〉を分有する固有の様態である。この点を、集合論で引き受けているのは、外延性の公理である。〔この公理によれば〕ある集合が他の集合と異なるなら、一方に属すが他方には属さない要素が少なくとも一つは存在する。この「少なくとも一つ」が差異を局在化し、純粋に大域的な差異を禁じる。常にある差異の点が存在する（プラトンにとって、あるイデアは「それ自体において」他のイデアと異なるのではなく、単に〈異〉を分有するかぎりにおいて異なるというのと同様である）。これは非常に重要な特徴である。とりわけこの差異の点は、質的なものの、つまり大域的で本性的な差異の（ドゥルーズ的であると同様アリストテレス的な）権利を制限するからである。集合論主義のプラトン的なスタイルにおいて、異他性 l'altérité は点へと解消され、差異は一様でまた常に要素的なやり方によって割り当て可能である。

集合論における存在の原初的な名とは空、つまり空集合である。階層全体がそこに根差している。ある意味で、空だけが「存在する」のである。そして差異の論理が含意するのは、空は一つであるということである。空はそうでないものと異なることは不可能である。というのも、空は、この差異を開示することができるいかなる要素（つまりいかなる局在点）もまったく含んでいないからである。単純なる絶対（あるいは、『パルメニデス』における一なるものの身分であるところの、無－差異）による原初的な命名と創設的である一性との結合がプラトン的であることに疑いの余地はない。なぜなら、この原初的な名称が覆うものの実在（つまり空集合の実在）は、公理論的に決意されなければならないからである。それはちょうど、――これが『パルメニデス』のアポリアの意味なのだが――一からその実在（あるいは非実在）を演繹しようとしても無駄なのと同様である。すなわち裁断を下し、帰結を引き受けなければならない。

最後にコーエンの定理以来知られているように、連続体仮説は内因的な仕方では決定不可能である。多くの人が、ここにおいて集合論の計画の真の破滅が問題となっており、統一的な構築として提示されたものの「多数化」が問題になっているのだと考えている。しかしわたしの視点は逆であることを理解してもらうため、かなりのことを述べてきた。実際は連続体仮説の決定不可能性が、集合論をプラトン的な方向性において完成させるのである。この決定不可能性は、消失点、アポリア、内在的な彷徨を指し示しており、そこにおいて思考は自らを、決定不可能なものと基底なしに直面することとして、あるいはゲーデルの語彙を使えば、直観に、つまり決意に連続的に訴えることとして経験する。

差異の反－質的な局在化、原初的な命名の下での実在の一性、決定不可能なものの内因的な経験、以上の特性によって哲学は、集合論を真理の理論の側面から、単なる形式の論理を超えて、把握することができるのである。

それでも、あらゆる数学は証明の手続きのなかでこそ、論理によって間違いなく維持されるのだ、という反論があがるだろう。存在としての存在の思考、つまり純粋な多の理論としての数学と、「形式」科学としての、強制力をもった証明の手続きとしての数学は、どのように最終的に関連づければよいのだろうか。

この恐るべき問いは、論理学の存在論的身分、存在－論理 l'onto-logique の構造についてのものであるが、この問いを導入するにあたって、まさにプラトン主義にとっての原初的な「異 l'autre」であるアリストテレスの考え方に立ち返ることが有用なのである。

第7章　アリストテレス的方向づけと論理学

数学へのあらゆる「アリストテレス的」関係の核心は、数学が思考ではないと考えることにある。わたしたちが見たように、アリストテレスはおそらくアリストテレス主義者ではないが、それでもかれ自身は、数学が最終的に属しているのは決して存在論ではなく感性的＝美的な満足であると結論する。

この意味で、わたしたちの世紀は自分たちが思っている以上にアリストテレス的である。さらにこれは今世紀の本質的な反プラトン主義の不可避な結果でもある。ニーチェはこの反プラトン主義の先駆者となったが、「素朴プラトン主義者」をあらゆる瞬間に激しく非難するアングロ＝サクソンの「言語論」的方向性も、ハイデガー的な解釈学的方向性もこの反プラトン主義を共有している。ハイデガー的な解釈学的方向性にとっては、プラトンはイデアの下で、自然〔ピュシス φύσις〕としての存在の本来的な立ち現れ éclosion originaire を削除しているのである。今は亡きソビエト連邦の科学辞典でさえもが、アリストテレスの唯物論者としての功績を強調しようとして、プラトンを奴隷所有者たちのイデオローグであると呼んだ。意見の一致がどれほどの範囲まで及んでいるかが、よく示されている。

数学が思考ではないという主張は何を意味するのか。数学が一貫した合理的な知ではないということを意味しているわけではないことは明白である。そうではなくてその主張が言うのは、この数学の知からはあらゆる存在原理が減算されており、それによって真理を主張することができない、ということである。この場合、援用される「存在原理」が形而上学的なタイプ（たとえばアリストテレスの実体やライプニッツのモナド）であるか、経験論的なタイプ（たとえば実証主義の系統に属するセンス・データ）であるか、ということは重要ではない。いずれの場合であれ、数学は純粋に形式的なもの（あるいは「存在を欠いたもの」）にとどまる、というのが中心的命題となる。これによって数学はあらゆる実効的思考に要求される現実の包蔵 l'enveloppement réel を禁じられる。

プラトン主義者にとって〈イデア〉が明示的に示しているのは、この〔イデアという〕項にたいして最終的にどのような存在論的な身分があたえられるとしても、数学と現実的なものとの結び目である。この結び目によって、数学的真理について語ることに意味があるということが維持される。アリストテレス主義者やライプニッツ主義者にとって、存在を、特異性の種の下でカテゴリー化すること（質料に局在的に形相をあたえるもの information としての実体、「形而上学的点」としてのモナド）は、数学をあらゆる現実の登録 inscription réelle から解放する。なぜなら、三角形も微分も、実体でもなければモナドでもないからである。

数学は思考ではないと言ったとしても、それは思考にとっての数学の重要性についての判断には当たらない。周知のように、ライプニッツの形而上学全体は、かれの連続体や最大数の計算などについての数学的な構想によって「支えられている」。数学は、プラトンのアポリア的存在論にとっては最終的には重要でないのに比して、ライプニッツの体系の建設にとって、おそらくはより重要なものであるだろう。そして数学についてのアリストテレスの考察は、いくつかの点で、プラトンの考察より貴重である。とはいえたしかに、多くの思考でないものが、思考にとってきわめて重要なのだ。最終的に、ライプニッツにとってもアリストテレスにとっても、数学とは、虚構ではないにせよ、少なくとも純粋に観念的な関係だけから織り上げられたものである。数学は潜在的に知解可能なものの規約をあたえる。数学は計算技術に属する。そしてこの計算技術は理性に基づいているのだが、しかし存在の思考の端緒とはならない。

より正確を期すならば、数学とは可能な実在の文法なのである。この点はおそらく決定的だろう。プラトン主義者にとって、数学とは現実〔界〕の学である（これはラカンの定義であって、この点ではかれは完全にプラトン主義者である）。アリストテレスやライプニッツにとって、数学は可能‐存在〔可能‐であること〕のいくつかの形式的与件を取り上げなおすものである。そしてこれらの形式的与件は、本質的には分析的なものである。つまりそれらは存在するものの特異性、つまり常に総合的である特異性には関わらないのである。

プラトン主義者にとって思考は決して記述的なものではなく、記述と断絶することによって確立される。というのも、思考は臆見にたいして、したがって経験にたいして、自動詞的だからである。(1)

しかしアリストテレス主義者にとって思考とは、経験や臆見が理性に基礎づけられる理由を切れ目なく見つけるような、十全な記述の枠組みを構築することである。この思考の表象の違いが含意するスタイルの違いほど驚くべきものはない。プラトン主義者にとって重要なのは、断絶の諸原理である。アリストテレス主義者にとって重要なのは、合法化の手続きである。この対立は、数学を哲学の領域に登録するためにもちいられることで、次のことを引き起こす。すなわち、プラトン主義者の関心は、思考する決意がなされる諸公理にのみ関わっているのにたいして、アリストテレス主義者（あるいはライプニッツ主義者）の関心の全体は、可能的なものの表象〔演目〕が上演されるところの定義に関わる。

これらすべてを要約するのは、実はかなり単純なことである。アリストテレス主義者にとってもライプニッツ主義者にとっても、数学の本質は論理学なのである。アリストテレスが歴史的に確認されている最初の形式論理学である『分析論後書』の著者であること、ライプニッツがきわめて若いころからすでに「普遍記号学」——これによってかれは近代の数理論理学の始祖と考えられるようになるのだが——の研究に心血をそそいでいたことは、何の偶然でもない。これらの思想家にとって、数学は一貫性をもつ可能的なものの側で働く。存在論的な土台を欠いていることによって、数学は許容可能な論理的連鎖を、すなわち「真である」思考を制御するアルゴリズムを抽象的に理想化するのである。この「真である」思考は実体的にであれモナド的にであれ、特異性を占有している。数学はそれゆえ合理的に可能なものの一般論理学なのである。

しかし、数学が可能なものの論理学であるなら、実在の問いは（プラトン主義者にとってそうであるのとは違って）数学に内因的ではない。哲学が数学にかんして提起する根本的な問題は思考の数学的運動の問題であることを、あるいは数学と存在の結び目の問題であることをやめる。言わば、数学的存在者の純粋に観念的な次元が容認されるので、数学的存在者の真理を問うことはもはや問題にならないのである。数学的観念性の経験的、言語論的、合理的出所が問題になる。そこから形式が自由になりすぎること、不当に真理とみなされることを避けるため、この出所を検証しようとする傾向が生じる。

さて、数学の観念的記号表記の出所の検証を可能にするのは何か。これらの表記が空間的なものにせよ他のものにせよ、何らかの表象に結びつけられているかぎり、それらは構築である。それらが言語、数字表記、計算に結びついているかぎり、それらはアルゴリズムである。アリストテレス主義者あるいはライプニッツ主義者にとって、数学は（その代数学的側面について述べれば）アルゴリズム的であり、（幾何学的側面について述べれば）構築的でなければならない。このことのみが論理学としての数学の運命を、現実的な理性の監督にゆだねるのだ。

これらすべてが、プラトンが主張する最大限の大胆さの原理に反して、論理的慎重さ、監視の手続きという結果をもたらす。

――無限大が問題になるにせよ無限小が問題になるにせよ、実無限の使用にかんして、体系的な懐疑が向けられる。なぜなら無限は構築的でアルゴリズム的である検証からほとんど減算されているがゆえに、無限は決意されるのである。その実在の身分が何であれ、数学的無限が「実在する」と認めるのであれば、数学を存在と結びなおし、数学が可能なものの論理学でしかないことを忘れるという大きな危険がある。微積分の領域でライプニッツほどのスケールの創造をおこなったものでさえ、実無限は形而上学に、すなわち唯一、実無限に「モナド的」身分を付与することのできる神的絶対に取っておこうとする。無限は数値的なものである、あるいは幾何学的でさえあるという主張は擁護することができない。「限定されることは、数の、直線の、任意のものの全体の本質に属する」。そして「やむをえない場合であっても、真の無限は絶対において存在するのであり、その絶対はあらゆる構成に先立ち、決して部分の付加によっては形成されない」。

――数学において実在の主張が制限され監視される。数学の論理的本質は、形式的な帰結関係、可能的定義に身を置くかぎり、透明である。しかし「実在」を言明するやいなや、この本質は曖昧になる。それゆえ、この種の主張は、その命題を妥当なものにする明示的な構築、実在の実例の論理的提示を伴うよう要求されることになる。

――多元的な遠近法主義への傾向があらわれる。もし数学が、可能なものの一貫した記述に適合した「形式科学」であるのなら、数学が最終的に単一のものであることを（数学と存在が結び目をもち、数学が真理であることができる場合にそうであるように）要求するものはない。「異なる」数学の共在を検討することができる。ちょうどライプニッツの神の知性においては、たしかに互いに矛盾するものの内的には一貫している可能世界が共在するのと同様である。

最終的に、アリストテレス的（あるいはライプニッツ的）な数学理解の大きな傾向とは、論理主義であり、アルゴリズム的もしくは構成主義的な有限主義であり、合理的に可能なものどもの多元主義であることになるだろう。

こうして、古代ギリシャ人以来の、数学的条件を哲学的に把握することからなる論争へと送り出される。プラトンか、アリストテレスか（そしてまたデカルトか、ライプニッツか）といったことがこの不一致を名指している。

哲学的思考にとって問題になるのは、中心的で複雑なこの不一致である。というのも一方で、数学が哲学的に捉えられるなら、思考は数学において不明瞭な経験ともはや争わなくなるだけでなく、有限性の制約から目にみえる仕方で解放されるやいなや、存在の問題と結び目をもつことに何の疑いもなくなるからである。他方で、それでも数学が合理的な連鎖や帰結関係や証明に関わるものにおいて範例的であることは確かである。つまり広い意味では、数学の論理的価値が卓越していることは確かなのだ。その結果として数学は哲学的な場の構築という観点から見ると、存在の思考にかんする決意と、論証の形式的一貫性という二重の登録簿にはっきり分かれて記載されることになる。哲学者にとって数学は存在論的であると同時に論理的である。いわば数学は「存在‐論的onto-logique」なのである。ここでのハイフンが、まさにプラトンとアリストテレスを分け隔てている。わたし自身の言葉を使えば、あらゆる真理が介入する次元（公理、原理、大胆さ）で、そしてまた数学の忠実さの次元（形式的操作子、思考の連続性、定義、慎重さ）で、数学は哲学を明らかにするのだと言えるだろう。この二重の条件づけをわたし自身のものである要素においてもう一度取り扱うこと（真理の現代的な概念を提示し、哲学にもう一度賭けること）は、数学の生命力そのものとの繊細な突き合わせを要求する仕事である。

状況を明らかにするためには、実際、現代数学の偉大なる装置、数学に統一された空間を、あるいは原初的な言語をあたえると主張する装置に取り組まなければならない。

今日存在しているこの種の装置は二つだけで、それら二つが生まれるのは、生命力をもつ数学の内的要求からであり、何らかの言語哲学を外的に適用することからではない。

――一つはカントールからコーエンに至る集合論であり、これは一九世紀に実解析とトポロジーの要求から生じた。

――もう一つは圏論とトポスであり、これは五〇年前に代数幾何の要求から生じた。

これら二つの装置に相対することは、今日以下のことを検討するために必要なことである。すなわち、プラトン主義とアリストテレス主義のあいだの偉大なる対立の観点から、「数学の哲学」への専門化にたいして一切の譲歩をすることもなしに、哲学的企図をその特異性において蘇らせることができるのは、いかなる存在論的布置（あるいは存在論的なもののいかなる論理）であるのかということの検討である。

しかし、これらの大胆な横断に取り掛かる前に（もっとも、この本でわたしたちがおこなうのはその計画を提示することだけではあるのだが）、数学の論理的特徴づけに戻らなければならない。より一般的に述べるなら、次のような問題に戻らなければならない、ということである。すなわち、もし数学が論理的規定を「伴う charrier」のであるとしたら、それゆえもし、純粋な多の学、あるいは第一存在論という数学の哲学的同定に、存在－論的という同定が重ねられるのであるとしたら（この点においてアリストテレスは完全に間違っているわけではないのだが）、哲学そのものにとってそれらの帰結はどのようなものであるのか。またより一般的には、論理学と哲学の関係はどのようなものであるのか、あるいはどのようなものでなければならないのか。

ある哲学が自らの概念空間に思考経験を招集する適切なありようは、その対象によって想定される法則ではなく、哲学そのものの目的と操作子である。したがって、次のように述べる余地はない。すなわち、哲学は論理学に、つまり現代においては完全に数学化された論理学に関心をもたねばならないのであって、そうであるのは、この論理学が知によって構成された対象であり、知によってあたえられた形式だからである、と。〔そうではなくて〕わたしたちは、この命令を内在的に理解することを要求する。論理学の現代的理解が哲学にこのように内在していることこそ、わたしたちがここで把握したいことがらなのである。

ブール、フレーゲ、ラッセル、ヒルベルト、ゲーデル、その他多くの人々によって論理学は数学化されたのだが、論理学がもつところのまさしく哲学的である挿入句が維持されるのは、この論理学の数学化が哲学の言語論的転回と呼ばれたものと緊密に結びつくからである。わたしの場合がそうなのだが、哲学の計画としてこの言語論的転回に立ち戻ること、あるいは思考と真理を、言語がそれらにとってその他多くの与件のうちの一つでしかないような過程として同定することを想定してみよう。あるいはまた、言語のあらゆる超越論的な考え方を放棄したいと思っていると想定してみよう。そのとき、論理学の数学化を哲学的に再考することが不可避になる。

もっと乱暴にいうと、思考と存在の結び目、哲学的には真理という名で指し示されるこの結び目の本質が文法的なものではないのだとしたら、あるいはこの結び目が、出来事、偶然、決意、非主題的な a-topique 忠実さといったものの条件の下に置かれるのであって、言語や文化の人類学的で論理的な規則の条件の下に置かれるのではないのだとしたら、そのときには数学化された論理学の存在論的規定というものが正確なところどのようなものであるのか、と問わねばならないことになる。

わたしのものとなっている思考の装置のなかでは、この問いは複雑である。この問いは歪んだ図像である、とわたしは述べることになる。存在論、つまり存在としての存在について、ロゴス logos として記入されうるもの、あるいは書かれうるものとは、まさに数学そのものであるとわたしは措定するがゆえに、そのことから数学化された論理学の存在論的規定がいかなるものであるのかを問うことは、数学化された論理学の数学的規定がいかなるものであるのか、と問うことになるということが生じるのである。

どのような理由によって、この問いは哲学的でありうるのか。この問いは数学の内側での単なる距離の問題に差し戻されるように見える。すなわち数学それ自体から出発して、論理学の身分が数学の一部門として思考されるまでの距離である。しかしそうであれば、この内的な隔たりを思考することが哲学に属しているということなのか。

このようにしてわたしたちは、ある複雑な三角関係に身を置くことになる。すなわち三角形の三つの極が数学と論理学と哲学からなるような、そういった三角関係である。

このときに導入しなければならない区別の公理は、わたしの考えでは次のようなものである。つまり、哲学は今日、三角形の他の二つの頂点、すなわち数学と論理学の関係にたいする哲学の位置によって大部分が規定されるというものである。

とりわけ現代哲学の言語論的転回は、最終的にその大部分が、論理学と数学を同一化する多少なりとも明示的なテーゼによって命じられることがわかる。ラッセルの論理主義はこのテーゼの極端だが必然的ではない形式にすぎない。このテーゼは、論理学の完全な数学化によって明らかに容易になったのであり、わたしたちが述べたように、アリストテレス、あるいはライプニッツに由来するテーゼである。

言語論的転回には、周知のように、表面的には対立している二つの側面がある。これらの側面を支配している固有名は、ヴィトゲンシュタインとハイデガーである。ヴィトゲンシュタインについては、世界と言語のあいだの厳密な共外延性を、つまり世界の存在の限界が厳密に言語の限界であるということをかれは主張したのだということを思い出すことになる。そしてハイデガーについては、苦悩の時間における思考とは、第一に、語りへと向かう道であること、あるいは、リルケについて言われるように、「本質的な領域は自らを覆い隠すのだから、覆い隠しといったものがある。

しかし〈大地〉に名をあたえる詩歌はなお残り続ける」ということを思い出すことになる。どちらの場合も、思考の運命が賭けられている場こそが、まさに言いうるものの境界なのである。そして場がそのようなものであるためには、数学が、計算をおこなう盲目な論理学に還元されることで、思考ではないということが必要になる。

ヴィトゲンシュタインは同時に次のことを主張することになる。

（1）「数学とは論理学的方法である」（『論理哲学論考』六・二）。そしてすでにわたしたちが引用したように

（2）「数学の命題はいかなる思考も表現しない」（『論理哲学論考』六・二一）。

ハイデガーは同じ振る舞いによって数学を技術制御による計算に帰着させることになる。「こうして存在者の存在は数学の純粋な思考において思考可能になる。このように計算可能になり、計算のなかに置かれた存在は存在者を、数学的構造を有する近代の技術のただ中で制御可能な何かにする」。

こうしてヴィトゲンシュタインとハイデガーは、思考がもはや思考するものではなくなる計算の傾向のただ中で、数学と論理学を同一化することを共有する。かれらは二人とも、言語のなかで、自らを後退させるものを命名することに常に協力し続けるものとしての詩に訴える側で、この同一化を転回させる。ハイデガーにとって、わたしたちに残されているのは〈大地〉を命名する詩歌だけである。そしてヴィトゲンシュタインも後に次のように書くことになる。「哲学は詩を創作するように書かれなければならないだろう、と述べたとき、わたしは自分の哲学にたいする態度を要約

していたように思う」。

言語論的転回とは、かくして次のように哲学によって創建された本質的な相関関係なのである。すなわち、一方には、規則がもつ盲目的で技術的な潜勢力に資するために思考を、減算された数学と論理学とのあいだの計算論的な同一性があり、他方には、詩がもつ平和的で晴れ間をなす潜勢力への原−感性的な訴えがあるのだ。

以上から、このような哲学的傾向と手を切るための手続きは、少なくとも次の二つの振る舞いを要求するものとなる。

第一の振る舞いは、哲学の運命の原−感性的な見方が依拠するものとしての詩を批判的に再検討することである。これは、マラルメ、ランボー、ベケットやヘルダーリンについての多くの研究のなかで自分なりにわたしが試みたことである。これらの研究で取り出したのが、「詩人たちの時代」という一般的な哲学的カテゴリーである。そこにおいてわたしは思考としての詩の特異な操作(脱−客体化、脱−方向、中断、そして隔絶)を同定した。わたしが示したように、これらの操作は、原−感性的論題を維持することには向いていなかった。しかし、ここではそれらについては触れないでおこう。

第二の振る舞いは、論理学と数学の分離を思考し直すことである。この分離のおかげで、数学は存在としての存在の思考であるというテーゼによって、数学に思考の次元を返還することができる。

すでに見たように、数学をその思考する本質へと返還するという振る舞いの出発点となるのは、存在とは純粋な多の展開であり、そのかぎりで存在としての存在の学であるという考えである。

論理学と数学の再考された分離は、予め定められた特徴にかんする存在論的決意と記述的特徴にかんする論理的監査の区別に関わる。わたしがここで議論したいのは、すでに示されてはいるものの、この点についてである。

分離を思考しなおすその方法とはどのようなものであるのか。哲学においては、哲学の外部にある思考の出来事という条件の下に哲学は置かれる。哲学は形式ではないので、これらの出来事は哲学の質料ではないし、哲学は反省的なものではないので、その出来事は哲学の対象でもない。これらの出来事とは厳密にいえば哲学の条件、つまり哲学が存在し哲学が変化することを正当化するものなのである。

たとえば言語論的転回それ自体も、根本的な思考の出来事、つまり論理学の数学化という出来事がその条件となっていた。というのも、忘れてはならないのは、哲学が思考によって存在を占有するうえで、言語を獲得するための出発点となったものこそが論理学だったからである。論理学は、アリストテレスからヘーゲルまで、存在論を言語のうえで統制するための哲学的カテゴリーであった。論理学の数学化によって可能になったのは逆に、いわば、言語が哲学を手にすることである。そのために支払われた代価は、あらゆる存在論の罷免である。ヴィトゲンシュタインがこの罷免にあたえる形式の下であれば、存在論の命題は無‐意味である。ハイデガーがあたえる形式の下であれば、形而上学の命題は、ニヒリズムの閉域に閉ざされた時代にある。

このとき、次のように問われることになる。論理学に関わる、思考のどのような出来事が、文法的、言語的な統制を手放すことを哲学にたいして正当化するのか、と。いかにして本来の数学的思考と数学化された論理学のあいだの新しい内的な距離を確保するのか、と。

この出来事は、いまだ哲学的には沈黙しているとしても、完全に同定可能である。しかし、ニーチェがツァラトゥストラと火の犬とのあいだの議論で述べたように、「もっとも偉大な出来事が突然わたしたちを襲うのは、もっとも騒々しい時代ではなく、もっとも沈黙している時代である」。この沈黙の出来事とは、論理学を数学的に提示する際のスタイルの根本的な変化である。それは論理学を圏論の枠組みで提示したこと、そしてその中心にある、トポスあるいは「〔グロタンディーク〕宇宙」といった概念を使って提示したことである。この出来事は四〇年代に〔サミュエル・〕アイレンバーグと〔ソーンダース・〕マックレーンが代数幾何の要求に答えて圏の言語を創造したことに始まり、五〇年代〔アレクサンドル・〕グロタンディークによる「〔グロタンディーク〕宇宙」の概念の発明によって継承される。そして六〇年代と七〇年代に、〔ピーター・〕フレイドと〔ウィリアム・〕ローヴェアによって論理学の全体が圏の言語で再定式化されることで、この出来事は終わりを迎える。このように初等的なトポス概念が、透明な道具となる(1)。

ジャン゠トゥサン・ドゥサンティこそが、最初にわたしに気づかせてくれたのだが、集合論にのみ基礎づけられた存在論は——かれはこれを「内因的存在論」と呼んでいたのだが——、射〔モルフィズム〕、つまり構造間で調整された相関関係という与件にのみ基づいている数学的な見方がもつ寄与を、すなわちかれの観点からは主要であるこの寄与を見落とすことになるのである。

トポス理論の条件の下に哲学を置くことで、きわめて長きにわたる彷徨や回避の後ではあるが、少なくとも部分的にはわたしの問題を解決できた、と述べることができる。

この問題を十分整理された仕方で再定式化しよう。わたしは六つのテーゼによってこの再定式化をおこなう。

第一テーゼ――哲学を捕えた言語論的転回とは手を切らなければならない。

第二テーゼ――そうしなければならないのは、この思考の方向性が今日、哲学的欲望そのものの純粋で単純な解体という結果に終わっているからである。ある場合には、アングロ＝サクソン空間でそうであるように、哲学は広大なスコラ的形式主義に、立場の文法に、さらに文化の語用論になっている。あるいは、ハイデガーにしたがうことで、思考の救済を、ポスト哲学的な操作に、つまり断片的な原－感性論に委ねなければならなくなっている。

第三テーゼ――言語論的転回の条件の核心には、論理学と数学のあいだの形式的な同一化が存在しているのであり、この同一化は最終的に論理学の数学化によって正当化される。

第四テーゼ――それゆえ、一方で論理学は数学化されたことを前提しつつ、数学と論理学のあいだの区分についての新たな思考を哲学的において生み出さなければならない。

第五テーゼ――数学は存在としての存在の学、つまり厳密な意味での存在論である、と措定されることになる。

第六テーゼ――論理学が数学化されていることが差し示すのは、存在論的決意と論理的形式のあいだの、いまだ思考されない相関関係である。この相関関係こそ、還元不可能な隔たりの形で明らかにすることが問題なのである。

この点にたどり着いたことでわたしたちは問題の難しさと、出来事としてのトポス理論の条件が問題解決のために固定するものを明らかにすることができる。

最初に、その難しさがどのように明らかになるのかを見てみよう。論理学の数学化が哲学の言語論的転回を可能にしたとしても、明らかにそれは、論理学がその統語論的な数学化として提示されたからである。つまり、フレーゲの概念記法以来、論理学の論題のすべては、形式的客観性 objectités formelles として論理学の言語を作り上げることであった、と述べたいのである。このような条件の下では、どうすれば、論理学をそれとして新たに隔絶することが文法性による哲学の統制を緩めることになりうる、と期待しえようか。論理学と数学の分離でさえも言語論的テロリズムを存続させたままにすることがありうるのであって、そのテロリズムは今日、語用論的、文化的、相対主義的テロリズムであるのだが、いずれの場合も、数学者を言語論的で統語論的な圏域に連れ戻すのであれば、そうなりうるのである。

たとえばあなたはこう述べるかもしれない。ある形式化された理論が論理学であるのは、その命題が空でないすべてのモデルにおいて妥当である場合である、と。そしてまたある形式化された理論が数学であるのは、モデルのなかの特異な族のみが当該の理論に当てはまる場合である、と。しかし、この区分は哲学的には機能しない。というのも、数学はそこで論理学の一事例のようになっている、あるいは、論理学はそこで数学のある種の普遍的な統語論的下部構造となっているからである。統語論と意味論の適合といった概念がその区分ではなお決定的であるがゆえに、この区分は哲学的欲望を言語論的統制から解放することができない。

同様にあなたは次のように述べることもできるかもしれないが、それは言い方が違うだけだ。すなわち、単に論理学であるだけでなく、数学でもあるとすれば、それは普遍的な公理に還元されえない実在にかんする公理を認める形式理論であって、それゆえある実在を決意し、この決意をめぐってはじめて自分の一貫性を確立する理論であるのだ、と。たとえば、集合論それ自体は、空集合の実在と、少なくとも無限集合の実在を公理として決意するかぎり、数学であることになるのだ、と。しかし、ここでもまた、論理学と数学に共通の統語論的存在を仮定することで区分がおこなわれている。というのも、隔たりが関わるのは、いわば、量記号を差異化する作用だけだからである。

実のところ、論理学が統語論という形で、あるいは形式理論という形で数学化されるやいなや、その言語論的な結合が原初的なものになる。もっともこれは、形式言語、形成規則、言明、命題、統語論、意味論、カンマ、解釈といった、自然言語における論理学の名称の領域が徴候としてすでに告げていたことではある。それ以来、数学は存在論である、という命題でさえ、その構成的な権能のある部分を失う。なぜなら、論理学はこの存在論の形式言語として配置されることで、言語論的な予めの規定を再導入するのだが、存在論的決意によってはこの予めの規定を簡単には転回させることができないからである。

では、今度は圏論の枠組みにおいて論理学を再び数学化しなおすという出来事の価値とはいかなるものであるのか〔ということを検討しよう〕。それは遠近法の完全な転倒にある。論理学を形式言語として統語論的に提示することは、宇宙あるいはモデルを意味論的解釈として配置することであるのだが、それにたいして圏論の提示において存在するものとは宇宙であり、論理学がその宇宙の内的な次元となる。言いかえれば、言語論的な提示においては、存在論的配置とはある形式理論がもつそれと適合した指示対象であることになる。明らかにアングロ＝サクソンの無限な注解を正当化しているものこそが、形式的なものと経験的なものを分離し、分節化するのである。それにたいして圏論の提示においては、諸宇宙の幾何学的な記述がおこなわれるのであり、云々の宇宙の配置にたいして、内在的な仕方で、云々の論理的配置が相関する、と指摘することができる。それゆえ論理学は可能な諸宇宙の内因的な次元になる。あるいはより本質的な仕方で言えば、ある思考可能な存在論的状態を記述的に特徴づけることが、論理的性質を帰納するのである。これらの論理的性質自体のほうが、思考が記述する存在空間、あるいは宇宙において提示されるのである。

　この転倒で、次の二つのことがらが消失する。

——第一に、論理学が、より一般的に言えば文法が、宇宙の措定、つまり存在論的な決意にたいして、形式的かつ言語論的に先立つということ。

——第二に、論理学が数学を包蔵するという関係。実際には論理学はむしろ、数学によって包蔵される内在的制約として現れる。とりわけ、論理学は局在化される。論理学は、数学がその可能性を記述しようとするところの宇宙によって提示され、位置決定が可能となる一つの次元なのである。

　このとき、数学と論理学の区分の問題はまったく別の姿で現れる。この区分はもはや言語論的な基準によって決意されたままではいない。この基準はその区分の力を使い果たしたのである。この区分は、それ自体が存在論的であるところのある別の区別に差し戻される。そしてその区別はより根本的なものなのであり、二組の概念に関わる。すなわち、その一つが現実的なものと可能的なものという対であり、もう一つが大域的なものと局在的なものという対である。これを、論理学と数学のあいだの関係および脱-関係の本質的な存在論的幾何学化と呼ぶことができる。

第9章　トポス概念についての初等的注解

もし本当にトポス理論によって論理学が数学の可能的な宇宙の局在的次元であることを内的な仕方で確立されるのであれば、その場合この理論のなかには、わたしが存在論的論理学ontologicologique、あるいはハイフン入りで存在‐論的とさえ呼ぶような定理が実在するのでなければならない。つまりそれは、次のようなジェネリックな形式をもつ定理である。すなわち、ある思考可能な宇宙が云々の存在論的特徴を所有する場合には、そこに云々の論理的制約が特定される、という定理である。この定理は、遠近法の転倒と、言語とその規則的な統語論的使用についてのあらゆる明示的な言及の削除とを遂行するものである。

実際にそのような定理が実在するのであって、わたしは哲学にとってそれらが出来事としてもつ力の感情を共有させることができればと思う。わたしはこのような定理のうち、完全に自然言語で表された二つの定理を引用する。それらはそれぞれ、差異と空（あるいは非‐存在）という存在論の概念に結びついている。

（A）差異を取り上げるならば、本質的な哲学的問題は差異の知解可能性の登記簿の問題であって、この問題にわたしたちは、多の存在論の特徴づけとドゥルーズの「強度的」存在論との対立にかんして、すでに出会っていた。任意の差異は常に局在的な仕方で明るみに出されるのか。つまり、あらゆる差異はその差異を折り開く差異化する作用のある点において思考可能なのか。それとも全体としてしか思考しえない質的な差異が実在するのか。この問いは離散的と言われうる存在論、たとえば原子論や初期ヴィトゲンシュタインの存在論やプラトンの存在論ですらもそうであるのだが、そういったものと、連続主義的な存在論、たとえばベルクソンやドゥルーズの存在論とを明確に対立させる。この問題の中心的な思想家はもちろんライプニッツである。かれは絶対的な局在的差異を、あるいは形而上学的点つまりモナドを、宇宙の全体的で大域的な差異化あるいは積分に統合しようとする。

差異の概念は、任意のトポスの記述において数学的に表象可能である。局在化可能な差異、つまりある点において明るみに出される差異の概念も同様に表象可能である。あらゆる差異がある点において局在化可能であるという意味でのトポスは、しっかり位置があたえられている bien pointée、と述べることができる。しっかり位置があたえられている、というのは明らかにトポスの存在論的な特徴である。

さらに、すでに述べたように、トポスの内的な論理を同定することができる。トポスの内在的、局在的与件によってそのような同定が可能である。基礎的な例を挙げよう。真あるいは偽は、トポスの局在的な与件であり、宇宙の部分である「単純作用」である。否定、連言あるいは含意も同様にそのような作用である。これらの項すべてが表しているのは、トポスによって同定され、「それ自体で」現前している関係なのであり、統語論的前提条件や意味論的解釈ではない。

トポスの内在的論理学を特徴づけることもできる。たとえば、その論理学は古典的[1]でも非古典的でもありうる。古典論理学は、その本質において、排中律を認める。しかしトポスにおける古典主義の定義は構築の項によってあたえられる。これがわたしの唯一のテクニカルな引用になるが（言葉を理解させるための歴史的引用であってそれ以外の何ものでもない）、この定義では実際次のように述べられる。あるトポスの論理学が古典的であるのは、真と偽の合併が同型写像になる場合である。しかしわたしたちの興味を引くのは、「トポスがしっかり位置があたえられている場合、それは古典的である」という定理が証明されることである。

これは注目すべき存在‐論的定理である。もし宇宙あるいは存在空間が差異の知解可能性についてそのような特性（この場合は、差異が常に局在的に明らかにされること）を認めた場合、その論理学は必然的に古典的なものになる。その結果、差異の提示の存在論的特異性は純粋に論理的な制約をもたらすことが証明されることになる。すなわち存在の発現から言語の諸原理へと進むのであって、逆ではない。

（B）わたしの二番目の例は空、そしてまた〈ゼロ〉に関わる。絶対的に非合成的な多性の記法であるかぎり、空は主要な存在論的特性である。空とは、あらゆる言説を、その言説が自らを支える存在への縫合のマテームである。鍵となるのは、空が問題になる場合、その唯一性の問いである。存在論的記述が空の唯一性を固定するのであれば、パルメニデスの伝統のなかで、数えることからの減算としての存在と、一とのあいだのある種の可逆性をこの記述は認める。もしこの記述が空の多性、あるいは空の不在を認めるなら、それは基礎そのものを多数化し、ヘラクレイトスの伝統にしたがって、その空を変質もしくは生成として確立する。

あるトポスにおいては、空である対象、空である文字といった概念に簡単に意味があたえられる。そのとき以下のような驚くべき定理、今度はこういってよいなら存在－論的－存在 onto-logique-onto の定理が証明される。つまり一方には存在論的特性と論理学的特性のカップリングがあり、他方にはまた別の存在論的特性があって、これらのあいだの強制的な相関関係についてのものである。この定理は、もしあるトポスが空である対象をただ一つ認める場合、そしてもしその論理学が古典論理学である場合、それははっきり位置があたえられたトポスである、というものだ。つまり、もしあなたが存在と一の相互性のうちにいるとしたら、そしてもしあなたの論理学が古典論理学であるとしたら、あなたの差異の存在論は、あらゆる差異がある点において明るみになること、すなわち純粋に質的な、あるいは大域的な差異は存在しないことを認めることになる。今度は、可能な宇宙の複合的な次元が、つまり存在（空はただ一つである）と原理（排中律）の混合物が、ある単純な存在論的特性を、つまり〈差異〉の身分を強制するのである。

これらの二つの例が示すのは、圏論による論理学の提示が、差異や空といった原初的な存在論的規定（しかし無限、実在、関係について同じくらい注目に値する、引用すべき定理があるだろう）と排中律の妥当性のような内在的な論理学的規定のあいだに、どれほど繊細なネットワークを織りなすか、ということである。これらのネットワークは、論理学的古典主義ではなく、構築的で非古典的な直観主義の要請にも関わりうる。たとえばあるトポスにおいてしっかり位置があたえられていない場合、それゆえライプニッツ、ベルクソン、ドゥルーズにおいてそうであるように、強度的、質的、全体的な差異が存在する場合、さらにライプニッツもまたそうするように、あなたが存在との あいだにある相互性を認める場合、あなたの論理学は古典的ではありえない。これがわたしの二番目の例の相補物である。実際、まったく厳密には、存在の感覚不可能な度合いといったものに鑑みれば、ライプニッツの論理学は真の意味では古典的であるとは言えない。というのも、わたしたちは、絶対的には、状態 p と状態非 $-p$ のどちらかを決意するように強制されていないからであり、この二つの状態のあいだには無限に中間的な状態が実在しているからである。

第10章　論理学についての初等的な暫定的テーゼ

最初の問題に戻ろう。トポス理論という条件下では、論理学と数学のあいだの隔たりをどのように再考すべきなのか。またしたがって、どのように数学にその思考の次元を、つまりプラトン的な次元を返すべきなのか。つまり哲学の運命への言語の支配をどのように中断すべきなのか。

トポス理論がわたしたちに提案するのは、可能な数学的諸宇宙の記述である。その方法は定義と図式であって、つまり資源 ressources の幾何学的提示である。この方法は、ライプニッツの神の知性の監査のようなものである。つまり思考可能な世界の、それらの種の、それらを互いに区別する特徴についてのカテゴリカルな踏破である。この方法はこれらの宇宙が自らの内的論理学を伴うことを証明する。またそれは、これらの宇宙の存在論的特性とそれら宇宙の論理学の特徴づけのあいだの一般的な相関関係を確立する。しかしこの方法は、いかなる特定の宇宙をも決意することはない。ライプニッツの神とは違って、わたしたちは云々の数学的宇宙を可能な宇宙のなかで最善のものと考える理由をまったく手にしていない。

この視点に立つと、トポス理論は可能なものの合理的監査であるので、トポス理論は論理的思考に適合している。トポス理論は、存在論と論理学の強制的な相関関係である論理学が自らを思考する装置である。トポス理論を、（ハイフン付きの）存在‐論的なものの数学化された論理学と定義してもよいだろう。

しかし、存在論は存在‐論的なものの論理学には還元できない。現実の数学は可能な数学的諸宇宙の数学化された監査ではない。現実の数学は一つの宇宙を決意する。その結果、論理学と数学のあいだの関係は、ある存在論の論理学的資源の一般的な探求と、論理学的帰結を伴う存在論的決意とのあいだに存在する関係であることになる。論理学は定義的であるのにたいして、現実の数学は公理論的であると述べることができる。こうして、もし存在の思考が集合論の枠組みでおこなわれるのだとあなたが公理論的に決意する場合、あなたの論理学は古典的であると仮定しなければならなくなる。なぜか。トポス論的に考えると、ということはつまり論理学的に検討すると、集合論はしっかりと位置をあたえられたトポスとして現れ、そこではあらゆる差異はある点において明示されるからである。そして、すでに見たように、しっかり位置をあたえられたトポスの内在的論理学は古典的にならざるをえないからである。ライプニッツ的なイメージを使えば、論理学は可能世界を思考し、神がモナドを放つように存在論は世界を決意する、と述べることができよう。ライプニッツと異なるのは、決意の外部にある計算は決して最善を決める法則を提示しないということである。

哲学の言語論的転回との断絶がおこなわれる思考の場所を固定しよう。ここでもいくつかのテーゼによってその場所を分節化しようと思う。

（1）論理学は形式化でもなければ、統語論でもなく言語論的装置でもない。それはトポスというジェネリックな概念の下で、可能な数学的諸宇宙について数学化された記述をおこなうことである。ある数学的宇宙つまりあるトポスはそれ自身の論理学を局在化する。

（2）可能な数学的宇宙は、いくつかの存在論的特性とそれ自身の内在的な論理学のいくつかの特性のあいだでの強制的な相関関係を固定する。この相関関係の研究が論理学そのものの根本内容である。こうして、論理学はそれ自身が存在論に従属することを思考する。論理学はこの従属を思考するがゆえにこそ、数学化されうる。というのも数学は存在論そのものであるのだから。

（3）数学はある可能な宇宙を現実のうちに配置する公理論的決意によって遂行される。このことから論理学的拘束が生じる。論理学的拘束は可能な宇宙の論理学によって論理学的に思考される。これらの論理学的拘束は現実の数学によって実践されるのであって、思考されるのではない。

（4）その結果、論理学と数学の還元不可能な隔たりは思考する決意の盲点に起因することとなる。この種のあらゆる決意は必然的なものとして実践される論理学を設定するのだが、この論理学はその決意の帰結なのである。数学化された論理学は、存在‐論的相関関係を思考するがゆえに、この盲目の晴れ間となる。しかし、そうするためには、この論理学は公理論的な命令の下でのみ出会う現実から、定義と分類の体制のなかでしか記述されない可能なものへと後退しなければならない。

以上のテーゼに現れるパラドックスは、そこで「論理学」という語が二重の仕方で出現することにある。そこで「論理学」と呼ばれているものは、一方ではある可能な宇宙における論理学として、真、偽、否定、量化記号などからなる、その特異な形象とともに局在化されるものであるのだが、それと同時に他方では宇宙の存在論（差異、空、無限など）とこの論理学的局在化のあいだの強制的な相関関係が数学化された思考でもある。

このパラドックスはすべての宇宙のパラドックス以外の何ものでもない。つまり宇宙の純粋に論理学的な規定は、それゆえ定義と可能なものによる規定は、局在と大域の往還を包蔵するのである。論理学の局在的な定義が存在することになるだろう。すなわちそれは、トポスにおいて位置づけが可能であり、サブオブジェクト・クラシファイアーという概念の周囲で技術的に分節化される特定の装置であるという定義である。次に、大域的定義が存在することになる。すなわちそれは、トポスの存在と作用の空間とその論理学的特異性とのあいだの体系化された相関関係を思考することに貢献する。この大域－局在関係が、論理学を幾何学化するのである(1)。

それゆえ第五のテーゼを付け加えなければならない。

（5）統語論的で言語論的な拘束から解放されたなら、論理学は常に幾何学的論理になる。つまり（局在的）論理学の（大域的）論理学になる。

これらは両立可能である。というのも、ヴィトゲンシュタインとラカンのあらゆるメタ言語の非存在というテーゼとともに、思考としての論理学はここで形式言語から解放されるからだ。あらゆる論理学は直接的に、ある可能な宇宙の次元として、メタ言語を想定することなしに、論理学の論理学であり、存在－論の論理学である。

哲学にとってこれらすべての帰結は重大である。なぜならそれは、わたしたちにある思考の計画を明確な仕方で定めるからだ。

――言語論的統制からの二重の形式における断絶を、すなわち一方ではアングロ＝サクソンの分析哲学、日常言語の哲学、語用論からの断絶と、他方では、現存在の解釈学、詩の原－感性学からの断絶という二重の形式における断絶を展開しなければならない。この二重の断絶はその共時性を証し立てるある出来事的な条件をもっている。

――この断絶を、言語論的転回に組み込まれていない二〇世紀の哲学的伝統と突き合わせなければならない。とりわけ、ニーチェとベルクソンに由来し、ドゥルーズの思考において分節化されるものすべてが、わたしの念頭にはある。ドゥルーズによる論理学への呪詛はよく知られている。それについてわたしたちは十分論じたので、そのときの「論題 *disputatio*」が存在論をめぐるものではなく、多性の身分つまり差異の思考をめぐるもの、それゆえ存在の無記名的な名の下に思考されるものをめぐるものであったことを知っている。

――今回は、存在論的決意そのものの点の論理学を検討しなければならない。それゆえ現実の点の可能なものを思考しなければならない。あるいは公理から出発して定義に権威をあたえることが肝心あのであって、その逆ではない。思考装置としての哲学とは本質的には公理論的なものなのであって、定義的、記述的なものではないと措定しなければならないのだ。

――そこから、真理のカテゴリーを修復し、修正しなければならないということが導かれる。真理の過程はそれ自体、出来事の条件の偶然と、この偶然にかんする決意によって宙吊りにされる。しかしまさにこの真理の過程にたいして論理学の実在が依存していること、そして、存在するのは真理の論理学であって、論理学の真理ではない、ということが示されなければならない。

――したがって、あらゆる真理のなかには思考されないものが存在することを確立しなければならない。そしてこの点の遡及作用によって、意味の新たな思考を作り上げなければならない。

この計画は、そのいくつもの点にかんして、しばしばあるように、詩人の時代の詩人たち、特にマラルメによって先取りされていた。

マラルメは思考する決意が、つまりかれにとっては詩の決意が偶然との出会いであり、あるいは偶然の試練であって、かれが論理学のモチーフと呼ぶものをそれが導くということをはっきり見ていた。この論理学は存在－論の論理学である。というのも、それは無限の固定化であるからだ。この無限の固定化は事前に用意できるものでもないし、超越論的なものでもなく、また言語論的なものでもない。なぜならそれはある出来事、つまりある〈行為〉によって宙吊りにされるからである。この〈行為〉は論理学的には逆なのだが、サイコロの一振りのような、偶然との出会いという形式をとる。こうして思考は純粋な出来事的アジャンクションの条件にしたがう。このアジャンクションのためにこそ思考は厳格な論理学を生み出すのである。この論理学は、思考が出来事に忠実でありながら、〈行為〉を認めることで自らを開示するということから生じる。この忠実さが今度は、自分の〈主体〉にとってのみ必然的であるような、ある真理を配置する。〈必然性〉は結果でしかないのである。

『イジチュール』の断片の第四部の一節が、哲学が今日においてなおなすように要請されていることを振り返っている。

しかし〈行為〉は遂行される。

そのときその自我は、〈狂気〉を繰り返すことによって、姿を現す。行為を認め、そして、意志によって、〈イデア〉としての〈イデア〉を繰り返すのだ。〈行為〉は（それを導く潜勢力が何であろうと）偶然を否定したがゆえに、そのことからその自我は、〈イデア〉は必然的だったと結論する。

――そのとき、それ（その自我）は、たしかに絶対的にそう認めることは狂気だ、と考える。それでも同時にそれは、この狂気によって、偶然は否定され、この狂気は必然的だったのだ、と言うことができる。何にたいして言うのか？（誰も知らない、それは人類から切り離されているのだ）。

結局は、その種族が純粋だったのだ。その種族は〈絶対〉から純粋さを奪って、純粋になり、（その〈絶対〉のうち）〈必然〉へとそれ自身たどり着くイデアだけを残した。〈行為〉は、〈無限〉へと返された（個人的な）運動を除けば、完全に不条理なものとなる。しかし、〈無限〉はついに固定される。

マラルメにとって、無限が「固定される」ということが意味するのは、無限が数の形式をもつこと、『サイコロの一振りは決して……』が「他の数にはなりえない唯一の数」として指し示しているものの形式をもつことである。この、数と、固定されることとのあいだの相関関係は〔マラルメの詩において〕何度も繰り返されるのだが、ix と or で終わるソネットほど輝きを放っている箇所は他にない。その結びをみてみよう。

裸のまま亡くなった彼女がまだ鏡のなかにいる
枠に閉じ込められた忘却のなかに固定されるのは
輝きとともにすぐに（固定されるのは）七重奏だ。

存在が捉えられる「純粋な概念」の象徴として固定されるのは、星の数、おおぐま座の七つの星である。

しかし、無限が数字であることは可能なのか。これこそ、カントールの無意識な同時代人であるマラルメが詩のなかで主張することである。無限がある数であること、このことこそが何世紀ものあいだ無限が否定され神学的な使命に閉じ込められたあとで、純粋な多の集合論という存在論が最終的に可能にすることなのである。

こういうわけで数の存在論は、無限の世俗化の重要な部分、つまり宗教と有限性のロマン主義的モチーフから抜け出す唯一の手段なのである。

第11章　数の存在

　ユークリッドの定義が示すように、数についてのギリシャ的思考は数の存在を一についての形而上学的アポリアによって宙吊りにしている。ユークリッドの〔『原論』〕第七巻定義二によれば、数とは「単位からなる多」である。そして単位とは、同じく〔『原論』〕第七巻定義一によれば、「それによって各々の存在者が一であると言われるもの」である。結局のところ数の存在とは一による結合の純粋な法則に帰するところの多なのである。

　一からの発出として数の存在を思考することが飽和し、そしてやがて崩壊することは、存在の思考が近代に入ったことの徴表である。この崩壊は三つの要素を結び合わせる。すなわち、ゼロがアラビアにおいて出現したこと、無限の計算、そして一の形而上学的観念性の危機である。第一の要素であるゼロは中立性と空を数の思考の中心に導く。二番目の要素である無限は、結合的なものから位相幾何学のほうへと溢れ出ていく。あるいは単純な継起にたいして極限がもつ数値的な立場を付け加える。第三の要素である一の陳腐化は、数を直接的に純粋な多として、つまり一なき多として考えるように強いる。

その結果まず生じるのは、数概念のアナーキーなある種の散種である。「数論」という分野を表す語句にそれは見られる。この語句は純粋代数〔抽象代数〕の広大な部分と、複素解析のとりわけ洗練された側面を含むことになる。様々な古典的なタイプの数を導入する手続きが互いに異質であることにもそれは見られる。つまり自然数については公理論的な手続きが、順序数については構造的な手続きが、有理数と負の数については代数的な手続きが、実数については位相幾何学的な手続きが、複素数については主に幾何学的な手続きが取られるという異質性である。最後に、数をとらえようとする形式体系の非範疇性にもそれが見られる。これらのシステムは非古典的なモデルを受け入れ、超準解析の実り多い道を開く。そしてその結果、無限数、とりわけ無限小数のすべての権利を回復するのである。

数のなかに存在の活動的な思考を示さんとする哲学にとっての困難は、一見したところギリシャ時代とは違って、数の統合された定義が存在しないことにあるように見える。カントールによる順序数における超限無限を数に入れることを考慮しないのであれば、どのような概念が同時に整数の離散性と、有理数の稠密性と、実数の完全性と無限小の雑踏を自らに従属させることができるのか。どうすればこれらすべてが、哲学者にとって、一つの概念に属することがありえるのか。その場合、この概念の思考の潜勢力と創意あふれる特異性に哲学者は耐え、それらを増大させなければならないのか。数という語の通常の機能から出発して、この無秩序を明らかにしてみよう。

数に結びついた言語の使用と表象を数から引き出すものにかんして、わたしたちは「数」ということで何を理解しているのか？

第一に、数は測定の審級である。初等的に言えば、数は多いと少ない、あるいは最大と最小を区別する役に立つ。数は所与に基準をあたえるのである。それゆえ、ある種の数は秩序の構造を提示するように要請されることになる。

第二に、数は計算の形象である。数を使ってわたしたちは数える。数えるということはつまり足し算、引き算、掛け算、割り算をするということである。それゆえ、ある種の数においてこれらの操作が実践可能であるように、あるいはきちんと定義されているように要請される。これは技術的には、ある種の数は代数的に同定可能でなければならないということを意味する。この同定を完全にとりまとめたものが、代数体の構造であり、そこではあらゆる操作が可能的である。

第三に、数は一貫性の形象でなければならない。つまりその二つの規定である順序と計算は、両立可能性の規則にしたがわなければならないということである。たとえば、二つの正の数を足すとこれらの数のどちらよりも大きくなること、あるいはある正の数を一より大きな数で割ると、結果は最初の数より小さくなることが期待される。これらは順序と計算の対とすることにおいて、数の観念によって言語論的に要請されることである。技術的には、このことは次のように述べることになる。すなわちある種の数が組み込まれる十全な形象は順序体の形象であるのだ、と。

それゆえ、もし数のある定義がすべての数の種を包摂しなければならないならば、このことが意味するのは、あらゆる種の数が位置づけられることになる順序マクロ体 macro-corps とわたしが呼ぶことになるものを規定しなければならない、ということである。

以上が、まさに偉大なる数学者〔ジョン・〕コンウェイが「超現実数 nombres surréels」という逆説的な名の下で提示した定義の結果である[1]。

この定義は、集合論の一般的な枠組みのなかで、ある全順序が定義され、足し算、引き算、掛け算、割り算が普遍的に可能である布置を種別化する。このときこの布置あるいは数のマクロ体においては、順序数、自然数、正の整数と負の整数の環、有理数体と実数体がそれらの既知のあらゆる構造上の規定をともなって現れるのが確認される。しかし同様に、いまだ名前をあたえられていない無限の種類の数、とりわけ無限小数や実数の隣接クラスと素なクラスという二つのクラスの「あいだ」に位置づけられた数、あるいは順序数と基数のほかのあらゆる種の無限数が現れることが確認される。マクロ体が問題になっていることは、集合が問題になっているのではないことから明らかになる。こういうわけで、それをわたしは布置と名付けたのである。問題になっているのが固有クラスであることは、このクラスがそれ自体ですでに集合をなしていない順序数のすべてを含むことから明らかになる。いわば数の概念は多‐存在をそれ自体として内因的に規定することに至ることで、この概念は非一貫的な多を指し示しているということだ。そして様々な種の数は、それらの存在の背景となっているこの非一貫性のうちで一貫性をもつ数値的状況を裁断する。たとえば実数体は一貫性をもち、あるひとつの集合となる。しかしそれを数体として同定することは、この実数体が、数の場の非一貫性の内的な一貫性であること、あるいは数値的なマクロ体の部分体 sous-corps であることに差し戻される。

いわば見かけ上のアナーキーあるいは数の種の概念なき多性は、それらの数が現在までそれらの操作において実効化されてきたのであって、それらの存在において位置づけられてきたわけではないということから生じるのだ。マクロ体とともにわたしたちは、数的な一貫性が共在する非一貫的でジェネリックな場をもつのだ。したがってこれらの一貫性が、ただ一つの概念、つまり〔大文字の〕〈数 Nombre〉の概念に属すると考えることは合法的である。

そのようなものとしての〈数〉の存在は、つまり数についてその存在を思考するものは、数の一貫性の非一貫的な存在の場、というマクロ体の定義において最終的にあたえられる。

したがってわたしたちが（大文字の）〈数〉と呼ぶのは、マクロ体に属する存在者の全体である。そしてわたしたちは（小文字の）数について語ることで、多様な種をあるいは〈数〉の非一貫性がその場を固定する内在的な一貫性を指し示すのである。

では、（大文字の）〈数〉の定義とは何か。

この定義は見事なほど単純である。〈数〉とは二つの要素をもつ集合、したがって或る順序数とこの順序数の部分集合から順序付けられて合成された順序対である。〈数〉はそれゆえ、Xが順序数αの部分であるような、あるいは$X \subseteq \alpha$であるような(α, X)によって表記される。

この定義は順序数に訴えているので循環的定義ではないのかと人は想像するかもしれない。わたしたちは、順序数は数であり、マクロ体において描き出されると言ったのだから。

しかし最初に順序数を純粋に構造的な仕方で定義することは実際に可能なのであって、それが何らかの数のカテゴリーに基づく必要もなければ、順序数という名にもかかわらず、順序の観念に基づく必要もないのである。順序数とは、フォン・ノイマンの定義によれば、実際、すべての要素が推移的であるような推移的集合のことである。さてこの推移性は存在論的な特性である。それが意味しているのは単に、集合のどの要素も、その集合の部分集合でもある、つまり$\alpha \in \beta$ならば、$\alpha \subset \beta$でもあるということである。この所属（あるいは要素）と包含（あるいは部分）のあいだの最大限の相関関係は、推移的集合にある特殊な存在論的安定性をあたえる。この安定性はわたしにとって自然な存在を指し示しているが、この順序数の自然な安定性こそ、つまりこの内在的な等質性こそ、推移的集合を〈数〉の原初的な素材として指し示すのである。

順序数とこの順序数の部分集合の順序対という〈数〉の定義によって驚かされるのは、対の審級である。〈数〉を定義するためには、二のうちに身を置かなければならない。〈数〉は単純な印ではなく〈数〉の本質的な二重性があるのだ。なぜこの二重性なのか。

ジル・シャトレの語彙を取り上げなおせば、[2]〈数〉は存在における振る舞いなのであって、二重の印づけがこの振る舞いの痕跡をなしている、と答えることになろう。一方であなたは、等質的で安定した印すなわち順序数を手にする。他方で、いわば第一の印から引き抜かれた印である未規定な部分があって、この部分はたいていの場合はいかなる内在的な安定性も保持しておらず、いかなる概念ももつことはなく、非連続的であり、細分化されたものでありうる。なぜならある集合の「部分集合」という一般観念ほどあてどなく一定しないものはないからだ。

数値的な振る舞いとは、それゆえある種の採取されたものなのである。すなわち順序と内的な堅固さのすべての属性をそれ自体でもつものの計算不可能な部分集合からの、強いられた、規則外れで創意に満ちた採取なのである。

こういうわけで、わたしは哲学者として〈数〉の二つの構成要素を命名しなおしたのだ。わたしが順序数と呼んだものは〈数〉の質料なのであって、それによって安定性と強力だがほとんど中立的な内的建築をあたえたことを想起させる。そして順序数の部分集合をわたしは〈数〉の形相と呼んだ。というのも、これは調和や本質を想起するためではなく、むしろ、ある現代美術の効果に見られるように、質料のいまだ判読可能な素地から発明によって引き抜かれたものを指し示すためである。あるいは質料から予見不可能な、ほとんど電光石火の非連続性を採取することで、あたかもこの抽出のすきまに、不変の物質的なコンパクト性を出現させるものを指し示すためである。

こうして〈数〉は、順序数という質料と、この質料から切り抜かれた形相の対合によって完全に規定される。〈数〉は、多－存在のコンパクトな形象とこのコンパクト性から規則的ではない仕方で切り取る振る舞いの二重性である。

注目すべきは、これほど単純な所与によって、〈数〉という語の相関物を存在において位置づけることを望むものに期待される順序と計算のすべての特性が確立されるということである。

実際、――これはことがらの技術的な部分なのだが――〈数〉の宇宙は全順序であること、そしてそこで体《たい》の構造を、つまり体とは足し算、掛け算、引き算、割り算のことを意味するのだが、これを定義できることが証明される。こうして順序マクロ体、つまり〈数〉概念の下にあるものすべての存在論的同定場所の構築が完成する。

次に、通常の数の種がまさにこの場所において裁断された一貫性であることが証明される。自然数、プラス、マイナスの符号付きの数、有理数、実数はマクロ体の下位種であって、〈数〉の存在論的場において同定可能な数なのである。

しかし、これら歴史的な例のほかにも、奇妙で同定されなかったり数えることができなかったりする多くの存在者が、〈数〉の概念の下に大量に現れる。

二つ例を挙げよう。

（1）わたしたちには、有限な負の数を考える習慣がある。無限の負という観念はたしかにそれよりは奇妙である。しかし、〈数〉のマクロ体では、負の数が有限であれ無限であれ、負の順序数が容易に定義される。

（2）〈数〉の場所を同定するマクロ体において、実数は質料が最小の無限順序数、つまりωで、その形式が無限であるようなすべての〈数ども Nombres〉を包含することが示される。それでは質料がωよりも大きい超限順序数であるような〈数ども〉については、何を述べることができるだろうか。たしかにわたしたちは、一般にまだ研究されていない、まだ命名されていない〈数ども〉が問題になっている、と述べることはできる。そこでは数値性の存在的形象を探求することの開かれた未来のための、無限に無限な〈数ども〉の貯蔵が問題になる。その貯蔵において、わたしたちが数について実際に実践しているのは、〈数〉概念の下で存在のうちにとどまっているもののなかのごくわずかな部分でしかないことが証明される。同じように、〈数〉概念のうちに保持された存在論的規定は、命名され、知られている数値的一貫性の実効的な歴史的規定を無限に超過している、と述べることもできる。〈数〉という語には、数学によって構築された一貫性の網にかけてとらえることで数学が今日まで限定しえた以上の存在がある。

実際、〈数ども〉のマクロ体は、その各々の断片において、どれだけ見かけ上は、すなわちわたしたちの知力にとっては微細であるとしても、〈数ども〉の無限な無限性であふれている。こういうわけでこのマクロ体は、おそらくライプニッツが『モナドロジー』の段落六七で次のように描いた宇宙の可能な最良のイメージなのである。「物質の各部分は、植物に満ちた庭、そして魚に満ちた池と考えることができる。しかし植物の枝の一本一本、動物の手足の一つ一つ、動物の体液の一滴一滴もまた、そのような庭、あるいはそのような池である」。なぜなら〈数ども〉のマクロ体の各々の微細な間隔は、無限にある〈数〉の種のための場と考えることができるのであり、今度はそれぞれの種、そしてこの種のそれぞれの微細な間隔もまたそのような場、つまりそのような無限と考えることができるからである。

何を結論すべきなのか。

〈数〉とは概念の特徴（フレーゲの理論）ではないし、操作のためのフィクション（ペアノの理論）でもないし、経験論的－言語論的所与（通俗的な理論）でもなければ、構成的あるいは超越論的カテゴリー（クロネッカーの理論であり、カントの理論でもある）でも、統語論つまり言語ゲーム（ヴィトゲンシュタインの理論）でもなく、またわたしたちの順序の観念を抽象したものでさえない。〈数〉は多－存在の形相である。もっと正確にいえば、わたしたちが操作する数は、〈数〉の種が無限に豊かにある存在から採取した微細なものである。

本質的には、〈数〉とは安定的で等質的である多－質料から引き離されたある形相なのであって、そこでの質料の概念は、フォン・ノイマンがそれに与えた内在的な意味での順序数である。〈数〉は対象や客観性ではない。それは存在における振る舞いである。あらゆる客観性以前に、すなわち〈数〉の存在と結びついたあらゆる提示以前に、その存在のつながりからほどかれた永遠において、〈数〉は多の最大の安定性における形相的な切断として、思考に自らを開く。〈数〉にはこの安定性と、たいていの場合は述定不可能なその振る舞いの結果を対合することによって、ある数があたえられる。〈数〉の名とは数値的な振る舞いを構成する二重の痕跡なのである。

〈数〉とは、数の種の操作可能な数値性にとって、存在としての存在の場である。大文字の〈数〉は、小文字で書かれた複数の数にとって、それらの存在の陰伏性として外 - 在 ek-siste する。

注目すべきなのは、わたしたちがこの陰伏性に、つまりは〈数〉それ自体に何らかの仕方で到達できるということである。たしかにこの到達はある過剰を示している。すなわち存在の知にたいする過剰である。つまり数の種の提示においてわたしたちがそれを構造化できるという点に照らして、〈数ども〉がもつ数えることができない外延において明示された過剰である。それでも数学によってわたしたちは少なくともこの過剰を指し示し、この過剰に到達することができるということが、この学問の強力に存在論的な使命によって確かなものとなる。

数学の歴史とはまさに、他のあらゆる概念と同様に〈数〉の概念にとっても、多 - 存在の非一貫性と、わたしたちの有限な思考がこの非一貫性を一貫したものにすることができるものとの関係の歴史であり、原理的に言ってそれは終わりのない歴史である。

〈数〉と数にかんする仕事とは、それらの概念の展開を継続し、細分化することでしかない。〈数〉

はもっぱら数学にのみ属する。数の種を思考し、それらの種をそれらの存在の場であるマクロ体に位置づけることが問題となるからである。哲学は〈数〉がこのように数学にのみ属していることを言明し、〈数〉がある状況すなわち存在論的状況つまり数学的状況の諸限界において、どこで存在の資源としてあたえられるかということを指し示す。

ペアノやラッセルやヴィトゲンシュタインと同様に、フレーゲが〈数〉の思考のために辿ってきた道を放棄しなければならない。デーデキントやカントールの試みをラディカルにし、この試みから溢れ出て、それが崩壊するところまで思考しなければならない。

〈数〉のいかなる演繹も存在しないが、いかなる帰納も存在しない。言語と感覚可能な経験はこの点で案内役としては役に立たない。問題はただ、わたしたちの思考が時折結びつけられる存在の非一貫的な過剰のうちに、数学の改鋳の、終わりがなく同時に永遠である運動において、一貫した歴史的痕跡のうちに到来するものにたいして忠実になることである。

このように汲み尽くしえない稠密さをもつ〈数〉の存在論的概念が、カント的な操作的概念に対置されることになる。このカントの考え方は数を継起の単なる図式に結びつけるのだが、感性の内奥の土台である時間の超越論的形式が、あらゆる構成的悟性にたいしてこのような図式を誘発するのである。ここから、カントにとって数の存在の観念が意味を欠くという帰結が生じることになる。

しかしおそらくこの対置の根本は、最終的にいつものようにカントにとって存在論的決意の代わりをするものにある。この存在論が減算的であることは明白である。「物自体」がわたしたちには到達しえないことに変わりはないからである。それでもなお、カントの存在論は不可能であるとか存在していないとすることは、ハイデガーがそれについて強力な直観をもっていたように、単なるカントの通俗的な解釈にすぎない。

したがって、存在の思考のカント的な場を横断することによって、これまで辿ってきた存在の思考の道筋に光があたることになるのだ。

第12章　カントの減算的存在論

カント哲学に存在論がないのも、かれが存在論の意図は一貫性に欠けるとまで宣言するのも、一見するとカントがすぐれて現象間の関係、結びつきの哲学者だからであり、この関係を構成する優位性が事物の存在そのものに接近するのを完全に禁じているからであるように思える。有名な経験の「カテゴリー」は、すべてのタイプの思考可能な結びつきの真の概念を一覧にしたものではないのか（内属性〔実体性〕、因果性、共通性〔相互性〕、制限性、全体性など）。表象同士が結びついているという性格の究極の基礎を表象されているものの存在に見つけることはできず、超越論的主体がもつ構成と総合の効果によってその存在に付け加えられたものでなければならない、ということを確立することが問題なのではないか。それゆえ、構造化された表象の問題についてのカントによる解決とは、現象の現象性の方に一貫性を欠いた純粋な多（わたしたちの存在論の概念で述べるなら、存在としての存在）を配置し、主体の構造化する働きから出発してそれ自体として展開される関係の側に「一として数えること」（わたしたちの概念で述べれば、所与‐存在あるいは「状況におかれた en situation」存在）を配置することにある、と想像することができるかもしれない。現象的な多の経験に一貫性を生じさせるのは、この「一として数えること」の潜勢力、つまり主体がこの多にたいして予め規定する普遍的な結びつきということなのだろう。

ところが、そのようなことはまったくないのだ。実際のところカントは――これがかれのもっとも根本的な直観の一つなのだが――、現象の多様の総合である「連結 *Verbindung*」と、連結そのものの本来的基礎である「統一 *Einheit*」を、経験において断固として区別している。「連結とは、多様の総合的統一の表象である。したがって、この統一の表象が連結から生じるということはありえない。むしろ統一は多様の表象に付け加わることで、まずは連結の概念を可能にするのである(1)」。

それゆえこのように、一貫性なき多を「一として数える」という問題は関係のカテゴリーによって解決されるのではなく、関係的な総合が可能となるためにそれ自身で決断されるのでなければならない。カントがきわめて明晰に見てとるように、「多‐現前」の一貫性のほうが本来的なのであって、［それにたいして］この多‐現前において現象を組織化する結びつきのほうはというと派生的な経験の実在性でしかない。経験の質的統一という問題は、この結びつきをそれ自体の場所 place に、つまり二次的な場所に置く。最初に、経験が多‐一を現前させることを基礎づけなければならない。その後にはじめて現象の連結の起源を考えることが可能になるのだ。

言いかえると、経験における秩序（多様の総合的統一）の源泉が、一の源泉と同じではありえないことをしっかり理解しなければならない、ということである。第一のものの源泉はカテゴリーの超越論的体系にある。〔それにたいして〕第二のものの源泉は必然的に特殊な機能である。カントはたしかにこの機能を悟性に割り当ててはいるが、これはカテゴリーの「機能編成」が前提するところの機能なのである。つまり経験の一般的統一を請け負う、それゆえ「一の法則」を請け負うところの悟性に属するこの至高の機能のことを、カントは「根源的統覚[2]」と呼ぶ。カントは、この根源的統覚を「自己意識の超越論的統一[3]」と考えているが、この根源的統覚の主観的なコノテーションをわきに置いてその厳密な操作に集中するならば、そこにわたしが「一として数えること」と呼び、カントが表象一般であるこの普遍的かつ抽象的な状況に適用するところのものが、苦もなく認められるだろう。根源的統覚が命名するのは、いかなるものも現前を統一する規定にア・プリオリな仕方で従属するのでなければ現前には到達できない、ということである。「ア・プリオリにあたえられたものとして、直観の多様の総合的統一は、それゆえ統覚そのものの同一性の原理である。この統覚はア・プリオリにすべてのわたしの特定の思考に先立つ[4]」。結びつきが存在することを可能にするのは結びつきそのものではない。この視点に立てば、この結びつきは非‐実在なのである。これを可能にするのは結びつける純粋な能力なのであって、この能力は実際の関係に関わることはない。というのもそれは一であることにしか責任はなく、多の一貫性の本来的法則、すなわち「あたえられた表象の多様を統覚の統一の下に置くこと」という適性だからである。

それゆえ、一貫性を保証し、あらゆる現前の根源的構造である「一として数えること」と表象可能な構造を特徴づける結びつきとの区別は、まさに悟性の超越論的な働きの内部で、純粋な根源的統覚（統一の機能）とカテゴリーの体系（総合的連結の機能）の隔たりにしたがって、カントによって反論の余地のない仕方で考えられている。

しかし、カントは根源的統覚を関係の問題の完全な解決の条件としてのみ導入する。かれにとっては認識の相関項であるところの秩序を解明することこそが、おのれに一を思考することを命じるのである。わたしが言わんとしていることは、ハイデガーによってはっきりと指摘されている。すなわちカントにおいて常に問題になっているのは、かれの大胆さが卓越している結論の批判的な急進性ではなく、むしろこの急進性への到達経路が奇妙なほどに狭いことである。実際、かれの歩みの起源にあるのは現前一般の可能性ではない。カントにとっての最初の問いは、いかにしてア・プリオリな総合判断が可能であるのか、つまりかれがユークリッド数学あるいはニュートン物理学のなかに見つけたと信じた、連結の普遍的な認定書がどのように可能であるのかということを知ることであった。カントの歩みの厳正さはその出発点を科学的命題形式の、おそらくは不正確な分析にもつのだろうが、その歩みの厳正さによって、かれは根本的な条件や区別に、たとえば統一と連結の区別に到達するのである。しかし原点にあった限定的な効果が帰結にまで及び、それらの帰結はその意味の真の外延を変わることなく明晰に手渡すことはない。

「連結がある」ことから出発して「一がある」ことに接近することは、一の学説に影響がないわけではない。カントにおいては、カテゴリーによって連結する働きを根源的な一貫性でもって最終的に支えなければならないという観点でのみ、「一として数えること」の至高の機能が援用されている明らかな痕跡が存在している。というのも、この「一」はそのとき連結についてのみ思考されることになるからであり、また一貫性は存在概念の制限としての現象的な多様の関係によって要求される事態をもつことになるからである。そしてまた現前の根本構造は表象の錯覚的構造に合わせた秩序があたえられることになるからである。この痕跡は一としての多という現前の本来性を表象可能な連結の思考にたいする必然性の下に包摂するのだが、この痕跡は一‐多がカントにおいて対象の制限的形象をもつことのうちに存する。カントが最終的には一‐多を対象の表象可能な狭さにおいてしか思考できないとしても、それはかれが論述の動きのなかで現前の一貫性を認識論上の問題とみなされた批判的問題の解決に従属させるからだ。カントの存在論はハイデガーによって的確に記述されたように、認識の純粋論理学にかれが入門したことの射影が映し出されているのだ。

というのも実のところ、対象は実在するものを示すのに適切なカテゴリーでは決してないのであって、実在するものとは、状況におかれることで純粋な多が「一として数えられる」ことが明らかになるような、そういったものだからである。〔それにたいして〕対象は連結にかんしてのみ一を示す。つまり対象とは、存在者のなかでも、結びつきの錯覚にしたがって表象可能となったものである。「対象」という語は、離接的である二つの問題系のあいだを混ぜ合わせる媒介作用として働く。すなわちそれらの問題系とは、一貫性を欠く多を「一として数えること」の問題（つまり存在の現れの問題）と、実在するものの連結された経験の問題である。対象という概念は両義的なものになるが、このもう一つの両義性について述べれば、これは典型的にカント的な両義性である。すなわち「悟性」という同じ用語に統一の高次機能――根源的統覚――と、連結の悟性的機能を割り当てるというような両義性である。

カントが「統覚の超越論的統一は、直観にあたえられた多様の全体を対象の概念において一つにまとめる統一である」[5]と書くとき、かれは一－多を対象へ向かわせることで、表象において連結が結びつけるものをもこの同じ語によって指し示すことができるようにする。対象は、根源的統覚が現前の多様において一をもちいるものであるかぎりで、根源的統覚と相関関係におかれる一方で、カテゴリーにたいしても同様に相関関係におかれる。このカテゴリーは「対象一般の概念」[6]と考えられるのであり、「それによってこの対象の直観は判断における一つの論理的機能の観点から規定される」[7]のである。経験において実在するものが経験における対象となるということを実際のところ保証しているのは、「二重の入口」であって、すなわち存在（多）の一（不在）による存在論の入口と、判断の論理形式による認識論の入口である。そして、カントはここにおいて自身の議論を縫合するのである。しかし対象がもつ以上の両義性は、結びつきを基礎づけようとするだけでなく――ヒュームがこの結びつきは存在しないのであり、フィクションだと考えたのは最終的に正しかった――、不都合なことに、カントが大胆な仕方でたどり着いた一の起源と関係の起源の根本的な区別を弱めることになる。

　カントは、現象の連結のア・プリオリな条件が、対象の名の下で、表象の領域に配置されるものの安定性として、一という高次の条件を含意しなければならない、という確信については一切譲歩することはない。これが「経験の条件は同時に経験の対象の条件でもある」という有名な定式の意味に他ならない。この定式で「対象」という語は明らかに、現前の一貫性の条件と表象可能な「対象」間の結びつきの派生的な条件のあいだの中軸となっている。したがって、前者は多それ自体へと――根源的構造へと――差し戻す条件であり、それにたいして後者は経験的な多へと――錯覚の状況へと——指し戻す条件である。

たしかにカントは、対象が「対象の存在」、その客観性、純粋な「何ものか一般＝x[8]」を未規定なままにするということをよく知っている。この何ものか一般＝xは決して現前することも結びつけられることもないにもかかわらず、その存在にかんしてその連結は維持されている。そしてわたしたちは、このxが純粋な多あるいは一貫性なき多であり、それゆえ対象は、見かけの連結の相関項であるかぎり、いかなる存在も有していないということを知っている。カントは、存在論の減算的特徴を、つまり現前する状況を存在と結びつける空を生き生きと意識していた。したがって、「一として数えること」という不在である操作として思考された根源的統覚の存在する相関項は正確には対象でなく、対象一般の形式なのであり、つまりは対象がそこから生じる絶対的に未規定な存在なのである。カントはこのことからかれのもっとも集中した存在論的省察において、数える操作を二つの空の相関関係として考えるようになる。

カントは、主体／対象〔客体〕という対をなす二つの項を分割する。経験的主体は「内的知覚におけるわたしたちの状態の規定にしたがって実在[9]」し、固定性や恒常性をもたず変化するが、この主体に対応するのは「表象として対象をもち、自分が今度は他の表象の対象になることもできる[10]」表象された現象である。超越論的主体は根源的統覚においてあたえられるものとしてあるのだが、客観的統一の（それゆえ、対象の表象の統一の）高次の保証であるこの根源的統覚は、それによっては「あらゆる対象の表象が単に可能であるにすぎない」ようなものであって、また「純粋で、根源的で、不動である意識」なのだ。この主体に対応するのは、客観性一般の形式であるがゆえに

「もはやわれわれによって直観されえない」対象である。つまりそれは「超越論的対象＝x[11]」であるかぎりにおいて経験的対象と対立する対象である。この対象は「複数の」対象のうちの一つではないのであって、なぜならそれは結びつけられる可能的なあらゆる客観性にとっての一貫性のジェネリックな概念であるからであって、また結合のための対象が存在することになる一の付与の原理であるからだ。超越論的対象は「すべてのわたしたちの認識において常に同じように＝x[12]」である。経験の主体（自己自身の直接的な意識）とそれが向き合う多があるのであって、表象において結びつけられた諸々の対象があるのだ。根源的統覚（純粋かつ唯一の意識）とそれが向き合うもの、すなわち客観性の対象、すなわち結びつけられた諸対象が一という形式を引き出すと想定されるところのxが存在する。

さて、超越論的な原－主体としての根源的統覚と、超越論的な原－対象であるxに共通する特徴は、これら主体と対象が単に表象が可能であるために表象によって要求された始原的で不変的な形象であること、そしてそれら自体は絶対的に現前せず、全経験の外にあって、存在から引き離された空、わたしたちが名しかもたない空としてしか指し示されないことである。

根源的統覚の主体は単に必然的な「数値的な一性」、つまり不動の一の潜勢力であって、それ自体は認識できない。デカルトのコギトにたいするカントの批判全体は、超越論的主体がもつ一の絶対的潜勢力を認識として、すなわち実在する点を規定するものとしてみなすことができないことをその根拠としている。根源的統覚はもっぱら論理学であるところの形式、すなわち空である必然性である。「わたしたちは、〈わたし〉の以上のような論理的意義の他には、基体として、この論理的主体とすべての思考の基礎にあるであろう主体それ自体の認識をまったくもっていない[13]」。超越論的対象＝xについてカントは次のようにはっきり宣言する。それは「すべてのわたしたちの表象と異なる何か」でなければならないにもかかわらず、「わたしたちにとって何ものでもない」のだ、と。

カントの存在論の減算的な急進性は、表象の基礎に空である論理的主体と何ものでもない対象との関係をおくに至る。

したがってわたしは『純粋理性批判』の第一版と第二版の相違についてのハイデガーの考えには同意できない。ハイデガーにとっては、カントは「超越論的構想力の学説を前にして」後退した、ということになる。ハイデガーの注解では、最初の執筆の「自発的なはずみ」が〈感性と悟性に加えて〉一の体制を基礎づけ、またかくして存在論的認識の可能性を保証する「第三の能力」として構想力を措定したのである。ハイデガーは、カントが人間の本質たるこの「未知の根幹」の探求をさらに進めることを放棄し、逆に構想力を悟性の単なる操作にしてしまったと非難するのだ。ハイデガー曰く、カントは「未知のものに気づき、後退せざるをえなかったのだ。単に超越論的構想力がかれを怯えさせたのではない。第一版を終えて第二版を出版するまでのあいだに、かれは徐々に純粋理性そのものの威光を感じるようになったのだ[14]」。

わたしの考えでは、第三の能力（構想力）の肯定性に訴えることを放棄し、一の問題を悟性の単なる操作の問題にしたことこそが、反対にカントの批判のゆるぎなさと、〈現前〉の存在論の感性的（＝美的）な威光に屈することへの拒絶を証明している。「純粋理性の威光」こそ、偉大なる

〈いざないTentation〉に直面した際のこのゆるぎなさをまさに命名することができる。ここにもまたカントにとっての真の危険が存在している。すなわち超越論的主体の側においてのみならず、対象＝xの側においても空の決定的な意義を認めなければならず、かくしてすべての否定神学を除けば、初めて減算的存在論の道を解明することになるという危険である。

カントの試みは十分に遂行されたと言うべきだろうか。そうは言えない。なぜなら、演繹の起源が結びつきの理論にとどまっていることの痕跡が存続していることが見てとれるからだ。実際にカントが基礎づけの機能を割り当てるのは、二つの空の関係にたいしてである。これは結局のところ基礎づけられなければならないのが、対象の「存在する」ということ、つまり対象の客観性だからである。この客観性だけが表象の多様をカテゴリーによる連結へと展開するための支えとなることができる。カントにとって対象は、依然として表象における一の唯一の名である。意識の総合の統一が要求されるのは、対象を認識するためだけではなく、「あらゆる直観がわたしにとっての対象になるためには、その統一に従属しなければならないからである。というのもこの総合なしに他の仕方では多様が意識において統合されることはないのだから[15]」。理論を普遍的認識にむけて組み立てること（これがかれの認識論上のねらいである）は、「一として数えること」の潜勢力に表象可能な対象を結果としてもつことを強制し、存在論それ自体のゆるぎなき枠組みであり続けている主体／対象関係という一般的観念にしたがって空を分割する。

カントの〈批判〉は最後の振る舞いを前に躊躇している。この振る舞いとは関係は存在せず、この関係の非存在が一の非存在とは別種のものであると措定することだろう。そしてその結果、「一として数えること」の空（超越論的主体）と存在の名としての空（対象＝x）のあいだの同一的な対称性を配置することが不可能になる。この振る舞いはその本性上、対象は、諸々の表象の存在を思考することがそこから開かれるところのカテゴリーではない、ということをも措定することになるだろう。この振る舞いはしかし、だからといってヒュームの懐疑論へと陥ることはなく、対象と結びつきが純粋な多の現前へと解消されることを前提することになるだろう。

しかし、カントは極度に厳密で綿密な哲学者である。

かれはたしかに関係の普遍性を基礎づけることを望みながら、自分が実際には超越論的対象が引きこもっていることと根源的統覚の絶対的統一のあいだに、すなわち結合の存在する場所と一の機能のあいだに、思考不可能な深淵を開いたことをわかっていた。『純粋理性批判』の二つの版の大きな相違はとりわけ超越論的主体に関わっているが、それらの相違が証言する躊躇と後悔の重心は、わたしの見解としては構想力の概念にはない。それらは前提の狭さ（判断形式の検討）と帰結の広がり（存在点としての空）のあいだの困難な関係の代価なのだ。対象概念はこの困難を甘受する。

ハイデガーはこれについて決定的な解釈をあたえたのだが、このことは明らかである。カントはこである概念にこだわっていたのであり、その概念は結びつきについての批判の学説にとって関与的であるが、存在論の操作によって解消されるのでなければならないだろう。

したがってカントは、空虚を二重に指し示すことで、つまり主体にしたがって、そしてまた対象にしたがって指し示すことで存在のなかに開いた深淵を見て、いつ、そしてどのようにして、これら二つの空が今度は一として数えられうるのかを問うことによって、別の側面からもう一度問題に取り組むことになる。そのためにはまったく別の装置が、つまり実際、認識論的状況とは別の状況が必要となるだろう。『実践理性批判』の本質的な争点は主体の空と対象（客体）の空が、カントが超感性的と呼ぶことになるところの存在の唯一の領域にともに属することを規定することにある。この観点からすると、第二批判は時折そう解されるように形而上学的「後退」であるどころか、第一批判の存在論的袋小路からの必然的な弁証法的再開である。第二批判がめざすのは、認識の状況では二つの不在にたいする謎にとどまっていたものを、別の状況（意志による行動の状況）で一として数えることにあるのだ。

それでも依然としてカントの潜勢力をもつ存在論的直観は、認識の領域においては判断形式（これはもっとも低次の思考の働きと言わなければならないが）に限定された出発点に囚われたままだし、局在化の領域においては、主体がせいぜい結果でしかありえないのに、それを構成のプロトコルにしてしまう主体の思考に囚われたままである。

それでも、主体の問題は同一性の問題であり、したがって一の問題であることを受け入れることはできる。ただしその場合、主体を超越論的な場の空なる中心としてではなく、同一性を実効化する多数性の操作的な統一として考えなければならない。あるいは自己と同一である多数のやり方として主体を考えなければならない。

主体とは、一の多数の可能性からなる群である。

わたしたちは主体の存在ではなく、主体の論理学に関係するこの命題を説明することになるのだが、それは圏論（トポス理論）の初等的であり原初的でもあるいくつかの概念の再検討を許すことになるある実践によってなされることとなる。

第13章　群、カテゴリー、主体

血縁関係を組合せ論的群によって記号化しようとしたレヴィ＝ストロースの努力が示すように、人間科学を含む現代科学のすべての分野に遍在する代数構造である群とは何かを最初に思い出してみよう。

これは＋によって表記されることになる操作をもつ、ある集合である。この操作には以下の三つの特質がある。

（1）この操作は結合的である。これは、元bを元cに加え、その結果に元aを加えた場合、元cだけを取り出して、それにaとbの和を加えたのと同じ結果が得られる、ということを述べているにすぎない。これは以下のように記述される。

$$a+(b+c)=(a+b)+c$$

結合法則が保証しているのは、根本的には文字の継起それ自体、つまり印《しるし》の空間的な秩序にとどまるかぎり、$a+b+c$ の総和は操作をおこなう行為の時間とは無関係であるということである。もし $b+c$ の計算から始めて a をその左に加えても、$a+b$ の計算から始めてそれに c を右に加えても、あなたは $a+b+c$ の計算の途中なのであって、その結果は同じになるということを結合法則は述べているのである。

（2）中立元〔単位元〕が存在する。基礎となる集合の元のひとつを e と呼び、その集合のあらゆる元 a について、次のような関係が成り立つとする。

$$a+e=e+a=a$$

群の元 a がどのようなものであれ $a+e=a$ になるような中立元 e の存在は、操作の領域で純粋で単純なゼロ操作を特異化している。つまり印をつけられながらも、存在するものをそのままにしておくものである。e を任意の元に加えると、あたかも何も起こらなかったかのように、その元を再びあたえることになる。ゼロが任意の数に加えられても元の数をあたえることは誰しもが認めるだろう。つまりゼロとは、整数上の〔加法を操作としてもつ〕群における中立元なのである。

（3）あらゆる元 a には、その a に加えられると中立元をあたえる群の元 $'a$ が存在する。その元を a の逆元 $'a$ と呼び、その定式は今度は次のようになる。

$$a+a'=e$$

たとえば、数+4に加えると実際にゼロをあたえる負の数-4は+4の逆元にあたると認められるだろう。

より一般的には、ある元の逆元の存在は操作の領域にその中央の点がまさにゼロの作用（中立元）であるような、ある種の古典的な対称関係を組み入れる。aがどれだけ「大きい」としても、aがどれだけ中立元eから「離れている」と想定されたとしても、常にこのa'が、いわばしるしの空間のもう一方の端に位置している。そしてこのa'の操作上の効果は、元aを領域の作用をもたない重心へと連れ戻す。中立元eは必然的に自分自身の逆元であること（$e+e=e$）で、eを対称的な領域の中心にある慣性として安定させるのである。

操作上の三つの大きな特性は、群の構造を定義し（結合法則、中立元、逆元の存在）、それぞれは操作の行為が文字の秩序に従属すること、ゼロ行為〔無為〕がもつ一、一般的な対称性を開示している。しかしこれらの特性によって正当化されるのは、この構造がいわば、代数学が思考として配置するもののもっとも基礎的な母体であるということである。

しかし、群のもっとも深い本質、すなわち群の遍在を正当化するこの本質には、これら操作の定義はいまだ到達していない。これらの定義では操作がそれに「たいして」行使されるところの対象、つまり元という受動的な観念にあまりにも従属しすぎている。技術的にこれが意味するのは、あたかも概念の背景にそれらの操作（＋）の存在において（a、b、cなどの）バラバラである項からなる集合が想定されるということである。そしてそれらの項の純粋な多は、そのようなものとしては群の概念が保持する真に有意義なもののなかには入ってこない。

代数学の大いなる概念は（それと位相の大いなる概念は必然的に事情が異なるのだが）、その定義で前提されたベース集合に言及することで、解明されるどころか、むしろ混乱させられるのだ、と述べよう。というのも、しるしの多数性は媒介でしかないのだから、重要なのは、まさに操作的作用とその大いなる機能（脱時間化、ゼロ性、対称性）であるからだ。

実のところ、群を圏（カテゴリー）によって直接定義することによってのみ、集合論の装置によって不透明になり、理解できなくなっていた群の本質を明らかにすることができる。

そしてこれは完全に自然なことである。というのも、圏の思考は、すでに強調したように存在論ではなく、本質的に論理学であるからだ。つまりこの思考は宇宙についての命題なのではなく、可能な諸宇宙についての秩序だった記述なのだから。さて、代数構造とは、もし操作の可能性を定義によって固定するのでないとしたら、何であろうか。初等的な代数学においては、あらゆる存在論的選択はなお合法的に中断されている。こうして概念の明晰さが最小限の存在論を、つまりは軽減された存在論を要求する。これは貧弱な存在論であって、あるいはドゥサンティが「外因的な」存在論と命名するものである。つまり実際にはその－論〔-logie〕によって、つまりその可能な形式によって、その形態－論（形態学）によって、すなわちそれの射（モルフィズム）によってあたえられた存在−論なのである。圏論はこのタイプの付与に適合している。

圏論において出発点となる所与はとりわけ貧弱である。わたしたちが手にしているのは、未分化な対象（実際はあらゆる内部性を欠いた単なる文字である）と、ある対象から別の対象に「向かう」「矢印《アロー》」〔射〕だけである。実のところ唯一の素材は方向があたえられた関係だけであり、つながり（矢印）のソース〔ドメイン〕がある対象であり、そのターゲット（コドメイン）はまた別の対象である。

たしかに意図されているのは、「対象」が数学的構造であるかもしれないということであり、「矢印」がこれら数学的構造のあいだの対応関係であるということである。しかし最初に純粋に論理的に把握することによって、対象の意味の規定は完全に外因的な、あるいは措定的なものになる。つまりその規定はわたしたちがこの対象へと向かう矢印（この対象がそのターゲットとなる）とこの対象から来る矢印（この対象がそのソースとなる）を学ぶことに依存している。対象とは、作用のネットワークを印づけ、対応関係の放射状の配置を印づけるものでしかない。関係は存在に先立つ。こういうわけで、わたしたちが身を落ち着けるのは論理学なのであって、存在論ではないのである。わたしたちが定式化するのは、特定の思考の宇宙ではなく、ある宇宙の形式的な可能性である。

この種の可能な宇宙の安定化は、いくつかの初等的な予めの規定に帰着する。
（1）「相次ぐ」二つの矢印（一方の矢印のターゲットがもう一方の矢印のソースとなる二つの矢印）は合成される。fとgがこのような状況にある二つの矢印であるなら、それらの合成は$g \circ f$と表記される。これは単に、もし対象aが対象bに（fによって）、対象bが対象cに（gによって）結びつけられる場合には、対象aは対象cに（$g\circ f$によって）結びつけられる、ということにすぎない。
（2）矢印の合成は結合的である。つまり、

$$f\circ(g\circ h)=(f\circ g)\circ h$$

である。
（3）あらゆる対象に、たとえばaとしよう、aからaへ向かう（aがソースでありターゲットでもある）矢印を、つまりゼロの作用がその典型となるような「同一」矢印（同一射）$\mathrm{Id}(a)$を結合させる。ソースの対象aをもつ矢印fと同一矢印$\mathrm{Id}(a)$を合成する場合、fと「同じ作用」が得られる。すなわち

$$f\circ\mathrm{Id}(a)=f$$

同一矢印は、矢印の合成の操作にとって中立元である、と述べることもできる。

ある群を定義する操作の装置のうちの二つ（結合法則と中立元）が圏の宇宙の現前を安定化させるために一挙に要求される。これらの装置はこうして、任意の操作的な与件の、つまり思考にとって抽象的な単なる可能なものの種別化にかんして、それら二つの装置が本来的であることを証言す

る。というのも、ゼロ作用は一の最小限の潜勢力である一方で、結合法則は、操作の脱時間化、つまり文字の支配を確立することにすぎないからである。「一つの」対象（ある文字）は、それ自身の慣性として、効果のない純粋な自己同一性として、作用の停止点であることを生み出す。

圏の思考においては、この同一性の形象は必然的ではあるが、本質的ではない。というのもそれが不活性な同一性であるからであって、それにたいして、同一性の「能動的な active」種別化が、あらゆる論理学の探求目的であることは明らかである。つまりいかなる関係の条件の下で、あるいはいかなる実効的な作用（射 morphisme）の下で、「二つの」対象が実際に「同じである」と宣言することができるのかという探究である。ただし、同じというのは、もちろん圏の思考にとっての同じなのであって、あらゆる同一性が究極的には外因的である。いわばそこでの同じとは、可能な圏の宇宙に住む思考にとっての、つまりは規定されていない対象間の方向づけられた関係しか知らない圏の住人にとっての「同じ」なのである。

鍵になる概念はこの場合、同型射 isomorphisme の概念である。二つの対象の一方から他方に、同型射である射 morphisme（矢印）が存在するとき、それらの対象は「存在論的に」（つまり文字としては）区別されるとしても、圏論的には識別不可能であることになる。

同型射とは何か。それは次のような意味で可逆な矢印のことである。つまり、この矢印を i として、それが a から b へと作用する場合、b から a へと（i とは逆方向に）作用する矢印が存在し、これを j とすると、この矢印が i と組み合わされると、ゼロ作用（同一性の矢印）をあたえる、ということである。したがって、

$$i \circ j = \mathrm{Id}(a) \quad \text{であり、かつ} \quad j \circ i = \mathrm{Id}(b)$$

となる。

aとbの間にi、jという対が存在することで、aとbは同形射の対象であり、（圏論的に、あるいは論理学的に）同一である、と述べることが可能になる。

このように相殺をもたらす逆転の可能性が、文字としては異なっている対象aとbを「同定する」ことは、完全に明白なことではない。わたしたちの圏の住人が、対象aとbを「同じもの」として「見ることになる」という事実を説明するには、この住人にとって、対象とは「内部なき」ものであり、その対象がソースあるいはターゲットになる矢印によってのみ同定されるのだということを思い出さなければならない。

比較的簡単に示すことができるのだが、aとbのあいだに同型射が存在する場合、そのとき、対象aをソースあるいはターゲットとする矢印の「ネットワーク」は、それと絶対的に並行な対象bをソースあるいはターゲットとする矢印のネットワークを予め規定するのであり、その逆もまた成り立つ。その結果、これらの二つの対象の外的あるいは論理的規定、つまりそれらを関係の項として同定するものは、形式的に等しいということが帰結する。

しかし、当然途中で気づくことになるのだが、「逆の」矢印の存在は、群の定義に元の逆元が存在することをはっきり想起させる。

こうして圏の操作上の最低限の安定性の特徴（結合法則と同一性の矢印）は、そこで二つの対象の同一性を純粋に関係によって定義すること（矢印の反転、同型射）によって、わたしたちに再び群の構造的規定をあたえる。

それゆえ、ある可能な宇宙となりうるものの、すなわち無記名な対象とこれらの対象間の方向づけられた関係によってのみ定義される宇宙となりうるもののもっとも一般的な探求においてすでに、思考においては群概念が共現前しているのだ。

したがって圏による群の定義が次のようにきわめて簡素で、啓示的なものであるとしてもおどろくにはあたらないだろう。

群とは、一つしか対象をもたず、そのすべての矢印が同型射であるような圏である。

唯一の対象は、これをGとすると、群の名、すなわち群を確立するための文字でしかない。矢印（これはすべてGからGへの矢印である）は本物の作動的原理、すなわち操作的実体である。結合法則が保証されているのは、それが矢印の構成について圏論では完全に一般的な仕方で保証されていることによる。代数的集合論のヴァージョンにおいては、$a+b$と書かれたもの（元間の操作）が、$g \circ f$と書かれることになる。ここでfとgはGからGへの矢印である。

$$a+(b+c)=(a+b)+c$$

と書かれたものが今や、

$$f\circ(g\circ h)=(f\circ g)\circ h$$

と書かれることになる。(一)

中立元は唯一の対象 G の同一性の矢印、つまり $\mathrm{Id}(G)$ である。実際、圏 G のあらゆる矢印について、$f\circ\mathrm{Id}(G)=f$ が成り立つ。

最後に、すべての矢印は同形射なので、それぞれの逆の矢印を f' とすると、これは、$f\circ f'=\mathrm{Id}(G)$ となる。$\mathrm{Id}(G)$ は中立元の役割を果たすので、群の操作の第三の構造的特性がこれによって保証される。

それゆえ、一つだけ対象をもち、そのすべての矢印が同形射であるあらゆる圏 G について群を認めることができる。その群の「元」は矢印であり、その操作は矢印の構成であり、その中立元は G の同一性の矢印であり、元の逆元は逆の矢印で G の同一性の矢印を同形射として決定する。

しかしながら、そのように認めること自体は、群の代数的概念と、あるタイプの可能な圏の宇宙のある種の野蛮な同型性であり、もっとも興味深いことがらではない。

興味深いのは次のことである。つまり、群 G の圏論的定義は、文字 - 対象 G がそれ自体と同一的になる様々なやり方の集合として、群 G を出現させることである。

実際わたしたちが見たように、圏論の思考においては、同一性は根本的に同形性である。群Gのすべての矢印は同形射であるので、これらの矢印の各々は、Gのそれ自体への同一性を書き込む。こうして二つの異なる矢印が表象するのは、二つの自己との同一性がもつ相違である。

つまり、群の真の意味は、同一的であることの多数性を固定することである。わたしたちは今度は、この群の概念が遍在するという思考にとっての原理を手にする。

自己と同一的になる様々なやり方のなかには、たしかに「不活性な」同一性、ゼロの作用 Id(G) が存在する。しかし、群が示すのは、この同一性は同一性の零度、つまり同一性の不動の形象あるいは静止でしかないということである。群の他の矢印は動的な同一性、つまり自己と同一になる能動的なやり方である。存在者Gの一を、その文字としての空虚な固定性を超えて証明するのが、Gの内的な結合の複数性である、ということをそれらの矢印は明らかにする。この複数性を介して、存在者Gの一は同型性を、そしてそれゆえそれ固有の同一性を証明するやり方の多を生み出す。

群がもつ異なる矢印が増えてゆくにしたがって、文字Gが、濃密な存在者の名であることが、つまり互いに異なる同一性の複雑なネットワークの名であることが明らかになる。

ここでプラトンの『ソピステス』を、あらゆる知解可能性のなかでも最重要五類の知解可能性を想起しなければならないだろう。存在、純粋な存在、純粋に空虚な存在は文字Gであり、「存在する一 l'un-qui-est」の文字の指標でしかない。静止は Id(G) であり、これは不活性な自己との同一性であるが、そこにおいて存在Gはあらゆる作用の停止点としてある。運動は矢印であり、不活性ではない同型射であって、Gをその同一性の能動的な表出のうちに編み込む。最後に、同と異 l'autre

の弁証法は矢印の差異において明確にされる。というのもこの差異は、差異であるかぎりにおいて異を証左するのだが、この異はそれぞれの異が同型射であることで、同様に同の形象でもあるがゆえに、同の差異化する働きでもあるものでしかないからである。

言ってみれば群とは、同の異性という形の下での知解可能なものの最小限の提示なのである。あらゆる矢印が自らの逆元と結合しているという矢印のカップリングは、思考にとって何を意味するのか。つまり、自らと同一になるある特異なやり方があたえられたとき、このやり方は同時に自分の「鏡のなかの存在」も、つまり自分の対称項も予め規定する。このことは、哲学の黎明期から知られているように、同一性は模倣の装置よりも、むしろ鏡の装置と結びついているということである。あらゆる同一性は、その同一性を二重なものにすると同時に消去するこの異なる同一性として、自らを転倒させたものを課す。根源的な所与はあらゆる異から区別された自己との同一性であるよりもむしろ、対称的な二つの同一化のカップリングなのであって、これらを一緒に取り上げると不活性な同一性に再び至るようなそういったものなのである。これが方程式 $f\circ f'=\mathrm{Id}(G)$ がマテームとして表していることである。

結局、群の概念は圏論の定義（対象と同型射）によってその本質があたえられるのだが、この概念こそが同一性の真の思考なのである。

（a）最初の一は、あらゆる内部性を欠いた文字 G の空虚な点以外のものでは決してない。

（b）この文字は、不活性な、非能動的な同一性をあたえられている。この同一性はあらゆる内在的な作用の純粋な停止点 $\mathrm{Id}(G)$ なのであって、空虚な文字のままである自己との関係であるような同一性である。
（c）自己との同一性の様態は複数あり、各々の様態を固定するのは自己から自己に向かう作用、すなわち同一性に能動的な仕方で「形をあたえる」同型射、つまり特異な仕方で同一性を実効化するGからGへの矢印fである。こうして〈同〉は常に〈異〉の働きに取り込まれている。この同一であるやり方は、他にも一つあるいは複数ある同一であるやり方とは異なる。
（d）同一性の各々の様態はそれを転倒したもの、あるいはそれと対称的になっているもの、つまりそれの鏡像であるような別の特異な様態と対になっている。対を合成することで再び不活性な同一性があたえられる。おのれの鏡像と対になることで、同一性はすぐさま作用をもたなくなる。
こうして今や、群は主体の思考にとってのマテームをなすと述べるべき時が来た。フロイトが、そして次にラカンがその主体の逃げ行く同一性として記録しようとしたものに、群は形式的な仕方で妥当する。

固有名が主体の体制のなかで文字‐シニフィアンとしての位置を占めているとみなす場合、最初は実際に存在するのは文字だけである。固有名そのものは空であり、何も述べていない。主体はむしろ自らの同一性の能動的な諸形象が編み込まれたものとして提示される。この能動的な形象は、欲望がおのれを現前させる、シニフィアンの分節化である。つまりその形象は最初の文字とは異なる情報であるのだが、そこにおいては同の主体 même-sujet が、その同一化の異‐複数性のうちに外‐在する。精神分析の治療は、編み込まれた糸を解きほぐすようなものであって、不活性な同一性ではなく——これは固有名のゼロ指標でしかないのだから——、同の異他性、つまり内在的な同型射の複数の錯綜した矢印を考える可能性なのである。最後にフロイトがエンペドクレスの掲げた旗の下で、生の欲動と死の欲動というアンチノミーとして思考したものが、この二重体とイメージの体制へとそれぞれの組紐を編み込む。死のイメージの鏡像につきまとわれていない欲望する連鎖といったものは存在しない。実在とイメージのカップリングによって、象徴界にラカンがその死者の頭蓋骨〔役に立たない残滓〕と呼ぶものが存在させられるのである。死者の頭蓋骨とは不活性な同一性の象徴であり、墓標に刻まれるのはもはや固有名だけであるのと同じである。そしてこの墓碑銘、つまり死んだ固有名は、群において述べられるように、それが生まれるときにしても同じであるのだが（たとえば「群Gがあるとしよう」と述べられるように）、もはや空虚な文字でしかない。

このようにして精神分析理論とその状況、つまり治療との関係は今のところまだ神秘的なものではあるが、今後明らかにされることだろう。いわば群の理論が存在するのと同様に〔精神分析にも〕理論が存在するのである。最終的にその理論は編みこまれた主体に潜む主要なカテゴリー、つまり文字、不活性な同一性、異を介した同の働き、同一のものの操作的な複数性、イメージといったカテゴリーを思考するものである。これにたいして治療は、特異的である群、その実在においては理論へと推移しないある主体－群を同定しようとすることであり、この主体－群の糸は一本ずつ解きほぐすのでなければならない。

障害となるのは、主体－群が無限であると考えることをあらゆることが許していることである。おそらく主体が自己同一となる様々な仕方が無限個存在していることは、主体に固有の事態でさえあるかもしれないのだ。それゆえ分析がそのものとして終わることはありえない。わたしたちは群について、主体がおのれの固有名に耐えられることと一致することがらしか手にすることはないだろう。自己との同一性の生きた実効性が、不活性な同一性が絶えず回帰してくる危険にさらされることがないようにするために、暫定的にではあれ主体的な組紐から十分に同型射を切り離すことが精神分析のささやかではあるが根本的な目的である。精神分析は主体‐群の無限の生を、それに名をあたえる文字の高みにまで連れていく。精神分析は文字に生をあたえるのである。

　精神分析の論理的原理は最初から最後まで変わることがない。すなわち自己と同一であるやり方は、つまり「自己自身」である死んだやり方は一つしかないけれども、主体的構造の同型射からなる群においては、同一であることのしかじかの様態の生きた無限といったものが存在しているという論理的原理である。

　これがわたしたちの好機 chance なのだ。しかしわたしたちがここで主体と、おのれ自身との同一性を変調し、変化させる主体の無限の能力とを、存在論にではなく論理学の方へと移しかえるには、それでもなおこの論理学をどのような存在の切れ端によって織り上げるのかを知るという問題に取り組まなければならない。

　さらに荒っぽく述べるなら、純粋な多の数学としての存在論のテーゼと、関係の可能な宇宙の、実を言えば存在論と同じくらい数学的な、あるいは数学化された学としての論理学の命題はどのように文節されるのか、ということを問わねばならない。何によって、あらゆる世界やあらゆる状況は、それらの存在がいくら一貫性を欠くとしても、容赦なく結ばれているのか。

この問いはこの小著によって至る問いであり、それゆえこの小著は真の困難への導入でしかない。この問いに徹底的に取り組むことになるのは、これから公刊される『存在と出来事』の第二巻[2]においてであり、そこでは、主体と真理の論理的な対合が、その倫理学とともにその論理学を見つけることになる。

ベールの端をめくることにしかならないだろうが、これまで述べてきたことを受けて、要点を振り返りながら、すべてが賭けられている概念を、すなわち現れという概念を導入することにしよう。

第14章　存在と現れ

このあきれるほど陳腐な指摘に戻ろう。論理学は今日、数学の学科の一つであり、一世紀にも満たないあいだに、数学の他のいかなる活発な領域にも負けないくらい濃密な複雑さにまで到達した。とりわけモデル論には、論理的な定理が存在しており、そのきわめて困難な証明は、一見したところではその学科からかけ離れているように見える領域、すなわちトポロジーや超越的代数学に由来する方法を総合しており、またその証明の方法の潜勢力と新しさは驚きをあたえるものである。

しかし哲学者にとってもっとも驚くべきことは、このような物事の状態がほとんど驚きをあたえていないということである。ヘーゲルにとってはいまだ、あの明らかに内容豊かな哲学概論を「論理学」〔大論理学〕と呼ぶのはまったく自然なことである。この概論の第一カテゴリーは存在、つまり存在としての存在である。そしてさらにこの概論は、無限の概念にかんして、数学はその現前の無媒介的な段階でしかなく、思弁的な弁証法の運動によって数学が明らかにされるのでなければならないことを確立するための長大な展開をも含んでいる。ヘーゲルにとってはいまだ、この弁証法だけが完全に「論理学」の名に値するのである。

論理学の同一性とは何かということについて、数学化が最終的に優位を占めるということは、哲学に送り付けられた挑戦状であり続けていることには変わりない。というのも哲学は歴史的に見れば論理学の同一性の概念を確立し、その諸形態を展開してきたからのだから。

したがって問題は、数学に組み込まれるのが論理学の運命であったとするために、論理学に何が起こり、数学に何が起こったのか、ということである。しかし、このように組み込まれたことそれ自体が、ある種のねじれを引き起こし、わたしたちの問いそのもののなかでの問いをなしている。もしある学科が、自らの言説の展開が厳密に論理的であることを要求するとすれば、その学科はまさに数学である、ということになるからだ。それゆえ論理学は数学のア・プリオリな条件の一つであるように思える。では、この条件が、もはやそれの領域的な配置でしかなくなるほどまでに、その条件によって条件づけられるものの一部として注入されるようなことは、どのようにして可能なのだろうか。

おそらく、予めの哲学的規定としての論理学と、数学の学科としての論理学を媒介するものは、論理学の形式的特徴と習慣的に呼ばれるようになったもののなかにある、と主張しなければならないだろう。周知のように、『純粋理性批判』第二版の序文において、カントは、かれによれば「もっとも古い時代」から論理学が帯びるこの特徴に、学知の確実な道を割り当てる。論理学は、「あらゆる思考の形式的諸規則を詳細に開示し、厳密な仕方で証明する」[1]のだから、カントの主張するところによれば、論理学はアリストテレス以来、一歩も前に進むことも、後ろに下がることもないはずのものである。論理学の成功は、それがあらゆる対象を捨象するがゆえに、その結果、超越論的なものと経験的なものの大いなる分裂を知らないということと完全に結びついている。

こうして、以下のものこそが、今日もっとも共有された確信であるようにわたしには思われる。つまり、論理学とは形式論理学であり、対象を経験的にあたえることのいかなる形象とも結びついていないがゆえに、論理学の運命は、数学そのものが厳密に言って形式理論的な活動であるかぎりにおいて、数学的なものとなったという確信である。この意味で、たとえばカルナップは、論理学と数学からなる形式科学と、物理学をその範例とする経験的科学とを区別するのだ。

しかし、この解決がカントの解決になりえないことにはすぐに気がつくことになる。そのカントは、わたしたちがその意図を指摘した存在論的直観に変わることなく忠実だった。というのもかれにとって数学とは、算術の対象の生成にたいして時間的直観の形式を要求し、また幾何学の対象の生成にたいしては空間的直観の形式を要求するものなのであって、それはいかなるやり方によっても形式的な学科としてみなされることができないからである。まさにこの理由で、論理的判断が分析的であるにとどまるのにたいして、数学的判断は、もっとも単純なものでも総合的なのである。また、アリストテレスが確立して以来の論理学の不変性を、カントはその形式的な特徴に結びつけているのだが、この不変性という属性が歴史と予見にかんする二重の誤謬を隠蔽しているということにも気がつくことになる。歴史上の誤謬と言われるのは、カントが論理学の歴史の複雑さをまったく考慮していないことによる。この複雑さは、カントが論理学のものと考える統一性や固定性を、古代ギリシャ以来、論理学に想定することを禁じている。とりわけカントはアリストテレスの述語論理学と、ストア派の命題論理学のあいだの方向性にかんする根本的な違いを完全に抹消してしまう。クロード・アンベールはこの違いからつい最近も重要な帰結を引き出した(2)。予見の誤謬と言われるのは、論理学は、一旦その数学化が保証された後も、大いなる前進を止めることはなかったことが明らかだからである。この前進は二〇世紀の思考のもっとも偉大なる努力の一つなのである。

それでも、またそれにもかかわらず、まったく特異なことであるのだが、論理学の功績を明らかにすることと同時に、論理学が任意の思考の一般形式にのみ制限されていることを明らかにすることを目的としているカントのテーゼは、これとはまったく別の使命——つまり論理学の形式的な自律性をその主要な結果の一つとするところの存在の忘却を指摘すること——を帯びたハイデガーのテーゼと正確に言って同じ命題なのである。ハイデガーにとって、論理学はピュシスとロゴスの分離が生み出したものであって、存在がそこから引きこもったロゴスの潜在的には虚無主義的である支配力だということをわたしたちは知っている。しかし、論理学のこの歴史的規定に到達するために、ハイデガーはわたしたちに論理学の明白な特徴について何を言うのだろうか。ごく単純に、論理学とは「思考されたものの形式理論」であると述べ、そこからかれはまさにカントのように、「常に論理学は同じことを教える」と推論する。形式主義と不変性は、カントにとっては、経験的なものと超越論的なものの分裂の手前に論理学を閉じ込めるような論理学の見方に結びつくと同時にそれに適っており、またハイデガーにとっては、存在者全体の虚無主義的臨検の技術的な主題に論理学を閉じ込めるような論理学の見方に結びつくと同時にそれに適っているように思われる。

論理学の数学化が論理学の形式的特徴の帰結であるということを保証されたものとみなすことは、結局のところ難しい。このテーゼは、数学化が論理学の形式的特徴が課しているように見える不変性と矛盾する猛烈な勢いを論理学にあたえたことにぶつかるか、あるいは、このテーゼは、数学はそれ自身、純粋に形式的であることを想定する――ただしその場合、数学と論理学を区別するのが何かを問うことが要求される――かのいずれかである。さて実際には、わたしたちの時代における数学を論理学に還元しようとする論理主義の計画は、フレーゲの根本的な著作以来、パラドックスと行き止まりにぶつかって打ち砕かれていた。結果として、論理学が完全に数学化されたとしても、いかなる方法によっても数学の総体を論理学に帰着することができないように、論理学自身が予め規定しているように見える。

こうしてわたしたちは、自分たちの問いとしての問いに戻ってくる。今日、論理学が数理論理学として同定可能であることは、思考にとって何を意味するのか。確立されたこの表現にわたしたちは驚かねばならない。わたしたちは問わねばならないのだ。数理論理学について語るのが可能である、あるいは必然的でさえあるためには、論理学とは、数学とは何なのか、と。読者が見たように、この概論の最初から作動していたわたしの確信は、この問いへの解答を、ある第三項を通過せずに構築するのは不可能だ、というものである。この第三項とは起源から現前していたものであるが、「数理論理学」という表現によってその不在が組織される。すなわちこの第三項とは、存在としての存在の学、つまり「存在論」である。

カントとハイデガーにとって「論理学」の語で理解されているものの創始者であるアリストテレ

スは、いずれにせよまさにこの第三項に依拠して、一貫性を主張するあらゆる言説の第一原理の形式的な必然性を問いただす。存在を、つまり存在としての存在を思考することが、思考一般の公理がどのようなものであるのかを決定するよう要求すること、これが『形而上学』第四巻でのアリストテレスの中心的なテーゼである。バーバラ・カサンとミシェル・ナルシーによる注釈が施された美しい翻訳から引用しよう。かれが明確に述べるように、「第一本質の理論を立てるものは、同じように公理の吟味をおこなう責任を負う」。こういうわけで、存在者としての存在者の学が存在するという最初の予告は、無矛盾律（「同が同時に、同にしたがって、同に属し、かつ属さないことは不可能である」）そして排中律〔＝第三項排除の原則〕（「ある一つの主語について、ある一つの述定は、それが何であれ、肯定されるかさもなくば否定されるのでなければならない」）の長い合法化によって、実現されるというよりむしろ、いわば横断されるのである。これらの原理が今日論理法則の身分を得ていることに何の疑いもない。第二の原理、排中律を認めるか、拒否するかで、現代論理学の二つの根本的な方向性、つまり背理法を有効と認める古典的な方向性と、構成的な証明しか認めない直観主義的な方向性が区別されるほどである。したがって、わたしたちにとっては、アリストテレスが論理学を存在論の不可避な媒介物として配置していることは保証されている。存在としての存在の学の実在を宣言するものには、伝達可能なあらゆる言説の形式的公理を説明することが要求されうる。アリストテレスにとって、存在論は論理学を予め規定する、と述べることにしよう。

しかし、なぜ存在論は論理学を予め規定するのか。そのことを理解するためには、存在論の実在を認めた後で、アリストテレスの第二の主張、すなわち、かれには存在者としての存在者の学の困難を凝縮しているように見えている主張にしたがうのでなければならない。つまり、存在者は多義性においても語られるが、一の方向においても πρός ἕν、つまり一をめざして、あるいは一の可能的な把握においても語られる。存在論は、それに想定されるような対象の直接的で一義的な把握にしたがって構成することはできない、というのがそのテーゼである。存在者はそれ自体として一の形式ではなく、意味の多義性において思考に開示される。対象の一性の明証性においてあたえられる、あるいは経験される対象の学としてではなく、わたしたちにはその方向だけが、つまりは一をめざして πρός ἕν というその方向だけがあたえられるところの一性の構築として、構想することが要求されるのである。そして今度はこの方向は、その出発点が還元不可能な多義性であるがゆえにさらに不確実なものになる。こうして、その方向を維持すること、そして存在の学がめざす一の構築に乗り出すこと、これらは対象ではなく言説の一義性の最低限の条件が決定されていることを想定する。一貫性のある言説はいかなる普遍的で一義的な原理に依拠するのだろうか。たとえ一の方向をとるためだけだとしても、存在の最初の多義性を減らそうとするためだとしても、この点には同意する必要がある。論理学は存在の多義性と、この多義性がサインによって伝える構築可能な一義性のあいだにこそまさに配置されるのである。ここにこそ論理学の形式的性格が還元されるのでなければならない。比喩として言えば、論理学は、問題となるのが存在者としての存在者であるだけに、思考にとって両義的なものを一義的なものから切り離す空に身をおくのである。この空をアリストテレスは前置詞 πρός（〜の方へ）に結びつける。この前置詞は存在論的言説に方向を指し示し、この方向に沿うことで、存在論的言説は構築を通して、多義的なものと一義的なもののあいだの空を乗り越えることができる。

つまり存在論は、出発点として意味の多義性を認めるかぎりにおいて、一貫する言説の形式的法則の開示や明示化として、あるいは任意の思考の公理の検討として論理学を予め規定するのである。

直ちに指摘しよう。存在において把握された存在者の無媒介的規定として多義的なものを選ぶということは、アリストテレスにとって、数学のあらゆる存在論的主張を排除するということである。というのも、アリストテレスがとりわけ『形而上学』の第三巻と第一三巻でそのどちらをも完全に認めているように、数学には二つの特徴があるからである。一方で数学は一義的なものへささげられる。これはアリストテレスにとって、数学的なもの μαθηματικά は永遠であり、腐敗せず、不動のものであるということを意味する。しかし、この一義性といわば引き換えに、数学的なものの存在は、前に見たように疑似‐存在つまりフィクションでしかなくなる。数学は存在者としての存在者の規定に至るいかなる到達経路も開くことはかなわないだろう。純粋論理学に結びつけられることで、数学は永遠のフィクションと化す。その運命は結局、あらゆるフィクションと同様、存在論的ではなく、感性的＝美的なものである。こうして、存在論が多義的なものに根を張ったことの直接的な結果として、論理学は一貫した言説の諸原理についての形式学として予め規定され、数学の一義性は厳密な感性論＝美学でしかなくなる。以上のようにアリストテレスは存在論、論理学、そして数学を結びつける。

この結び目をほどく方法はいくつかあるが、そのどれもが何らかの点でプラトン的である。というのもそれらのどの方法も、存在がただ一つの意味で語ることができなければならないことを公準として要請することで、数学的一義性を存在論の少なくとも暫定的な範例として回復するからである。とりわけ、それらのいずれも、数学にかんしては、思考の作用と存在の作用を必然的に媒介する真理のカテゴリーの妥当性を修復する。この数学的真理という主題の復活は、アリストテレスの相対主義的、感性論的な確信と対立する。アリストテレスにとって、数学の脱存在論化によって、美が真理に取って代わるのである。

次のように言えるかもしれない。数学は厳密なフィクション、たとえば言語論的なフィクションの領域に属すると考える人は誰であれ、数学をアリストテレス的であるところの純粋思考の感性論へと変化させる。数学が存在に触れると考える人はいずれにせよ、プラトン的である。まさにこういうわけで、プラトンとアリストテレスの対立が、この本の大きなモチーフの一つだったのである。

二つの選択肢のなかで、論理学の場所は同じではありえないことに気づくだろう。アリストテレス主義者にとって、数学からみてそれが論理学の力に含まれるのだとして、論理学の力をなしているものとは何なのか。論理学は純粋に形式的で絶対的に普遍的であり、またいかなる存在論的規定も想定せず、言説一般の一貫性と結びつけられているので、それは存在の多義性から、存在が徴表を示す一性への移行の強いられた規範である。プラトン主義者にとって、これらの特徴は弱さである。なぜなら、プラトン主義者にとって、数学とはその存在の身分を否定しえない観念性を思考するものである一方で、純粋論理学は空虚なものにとどまるからである。論理学を立て直すには、論理学が十分に数学化され、プラトン主義者が数学的なもの μαθηματικά に認める存在論的尊厳を数学と論理学が共有するのでなければならないだろう。それにたいして、アリストテレス主義者にとっては、論理学の純粋形式的な次元は、まさに論理学が数学的なもの μαθηματικά、つまりこれら実在しない準‐対象 quasi-objets〔似非‐対象〕の、感性的な鏡像に捕まることから守ってくれるものである。言語論的で、非対象的であるという論理学の原理的な特徴が、存在論そのものにたいする論理学の論証的意義を基礎づける。

いわばプラトンの結び方では、論理学を罷免する数学を存在論的に昇進させるのにたいして、アリストテレスの結び方では、数学を罷免する論理学を存在論的に予め規定する。

このとき、わたしが支持しようとしている立場は、徒党分子〔エベール派とダントン派〕を非難するロベスピエールのように語るなら、超プラトン主義 ultra-platonicien でありながら同時に、穏健なプラトン主義 citra-platonicien でもある、と言えるだろう。

この立場が超プラトン主義である、というのは、わたしたちが、数学の存在論的尊厳の承認を極限にまで推し進め、もう一度存在論とは数学そのものに他ならない、と肯定するからである。存在としての存在について、つまり存在者として思考に開示されるという唯一の事実以外のあらゆる質と述定を欠いた存在について合理的に述べることがらは、純粋数学として語られる、いやむしろ記述される。そして、存在論の実効的な歴史とは数学の歴史と正確に一致するのである。

しかしわたしたちの立場は、論理学の罷免を認める必要がない点で、穏健なプラトン主義ということになる。実際見るように、わたしたちは、存在論と数学の根本的な同一性を想定することで、論理学を一貫した言説の使用を規則化する形式的学科としてではなく、それ以外の仕方で同定することができる。わたしたちは、論理学をその文法としての身分から救い出し、今日、現代哲学の「言語論的転回」と呼ばれるものからそれを分離することができる。

この転回は本質的に反プラトン的である、と言わなければならない。『クラテュロス』のソクラテスにとって、わたしたち哲学者は、言葉からではなく、事物から出発する、というのが格率である。さらに次のように述べることもできるかもしれない。すなわち、わたしたちは形式論理学からではなく、数学から出発するのだ、と。幾何学者でないものは何人もここに入ることはない。言語論的展開へと立ち戻ることは、結局アングロ＝サクソンの日常言語哲学の専制を保証するということではなく、それが想定するのはまさに、数学的思考あるいは思考としての数学において問題なのは実在であって、言葉ではないということである。

わたしは、このプラトン主義からの引き継ぎが、合理的言語への到達の王道としての形式論理学を罷免することを含意する、と長いあいだ信じてきた。これによって、きわめてフランス的だが、わたしは、ポワンカレやブランシュヴィクの目には、自分たちが記号論理学 logistique と呼んでいたものを襲うように見える疑惑へ組み込まれた。そして論理学の近年の定式化における、またこれら定式化同士の数学的相関関係の把握における長期間にわたる無味乾燥な研究の結果によってのみ、ただしこれはほとんど完遂されておらず、わたしはまだその概要あるいは計画しか提示していなかったのだが、この研究によってのみ、わたしは以下のことを理解した。つまり、数学が存在としての存在の学であるということから、論理学が明らかにされるのだとすれば、また論理学が統語論の規範としてではなく、可能な宇宙の内在的な特徴として配置されるのだとすれば、論理学はついに、言語論ではなく存在論の予めの規定の下に置きなおされるということである。この予めの規定によっておそらくは、アリストテレス的な振る舞いを、そのまったく別の使命にしたがってではあるが、取り戻すのである。

そのとき、わたしたちが語った謎に満ちた連辞である「数理論理学 logique mathématique」は――こう述べてよければ、存在そのものによって――十分正当に評価することができる。この連辞が折り開かれるなら、次のように言われるべきである。すなわち、ある存在論的決意によって創設された論理学の複数性である、と。

存在論は歴史的に数学として完遂される。これは、わたしの本『存在と出来事』の最初のモチーフである。このモチーフの議論をここで繰り返すつもりもないし、そんなことはできない。もっともこの論考の最初にすでに、その主要な格率を定めておいた。

ついに論理学に到達するにあたって、わたしたちにとって重要なのは、ある派生的なテーゼ、すなわち集合論の根本的な公理から、したがって多の存在論の原理から演繹することのできるある定理である。この定理はふつう、すべての集合を含む集合は実在しない、と述べられる。この非－実在が意味していることは次のことである。すなわち多とは、それゆえ存在者とは思考可能なすべての存在者を集めたものであると想定することは、自己崩壊することなしには思考によって支えることができない、ということである。全体性のカテゴリーに依拠することで、この根本的な定理は、存在の全体というものの非実在を指し示すのである。いくつかの点で、そして自然学から形而上学への移行にしたがって、この定理は純粋理性の第一アンチノミーを、反命題に傾きながら解決する。「世界は時間において始まりをもたないし、空間において限界をもたない。世界は時間においても空間においても無限である」(3)。もちろん、ここで問題となっているのは時間でも空間でもなく、無限でさえない。前に繰り返し述べたように、無限は存在者一般の単純な現実的規定、問題のない規定にすぎない。むしろ、次のように考えよう。すなわち思考にはすべての存在者からなるような多を存在者として理解することはできないのだ、と。思考は衰弱し、ハイデガーが「全体性における存在者」と名付けるものにまで至る。わたしたちが存在論とは数学であると想定するかぎりにおいて、この命題が定理であるということ、そして、したがって存在者としての存在者の諸特性は証明されるということが意味しているのは、この命題を強い意味で理解しなければならない、ということである。つまり、存在者はその存在者性からのみ思考されるかぎりにおいて、存在者の全体は実在しえないということが、存在者としての存在者の本質的特性である、ということだ。

この特性の決定的な帰結は、あらゆる存在論的探求は徹底して局在的である、ということである。実際、存在者の全体性として、あるいは存在者が配置される場一般としての存在に関わる証明あるいは直観は実在しえない。この無能力は単なる事実上の到達不可能性や、理性の能力を超越するような限界ではない。逆に理性自身が、存在者の多－存在者性の内因的特性として、全体の不可能性を決定するのである。

単に次のように述べておこう。つまり、存在者としての存在者について、したがって純粋な多について、合理的に何を言えるのかを思考において決定するとき、常にこの決定の場所として、存在の全体ではなく、ある個別の存在者を想定することになるのだ、と。そしてこのことは、この存在者が無限の無限レベルにあるような時でさえそうである。

存在は、この存在の全体化不可能である展開の局在的な場所 site としてのみ、思考に開示される。しかし、わたしが『存在と出来事』で状況と呼んだ、この存在論的思考の場所の局在化は、純粋な多としての存在が、その存在において、それが開示される場所の限界を正当化するものを含まないかぎり、存在を変状させる。存在者としての存在者は、多、純粋な多、一なき多、あるいは多の多である。存在者はこの規定を他のすべての存在者と共有する。しかし、「他のすべての存在者」は実在しないのであって、存在をもたない。その結果、この規定があたえられるとはいえ、それはある場所、ある状況においてのみのことであるということが帰結する。そして今度は状況が、その存在としての存在において思考される場合には、多－存在者となる。この状況は存在者の存在論的一般性の状況ではない。というのもこのような一般性は、純粋な多としてのそれらの存在の規定を共有する存在者の実在しない全体となるからである。存在者が自分の存在者性を際立たせることができるのは、ある場所においてだけなのであって、その場所の局在的な特徴はこの存在者性そのものからは導き出すことができないのである。

ある存在者について、その多－存在の、局在的な、あるいは状況づけられた開示という制約に結びつけられているもののことを、わたしたちはこの存在者の現れ l'apparaître de cet étant と呼ぶことにする。存在の全体が実在しない以上、現れることが存在者の存在であることがわかる。存在するあらゆることは、そこに－存在すること être-là〔＝現存在〕であり、これが現れの本質である。現れとは場所であり、その存在において思考される多－存在者の「そこ」である。現れはここにおいて、空間、時間にたいして、あるいはもっと一般的な仕方で言えば、任意の超越論的場にたいしてまったく依存しない。その構築において想定されるようないかなる主体にも依存していない。多－存在者は、ある主体にたいして現れるのではない。存在者は、全体にしたがっては位置づけられえず、自らの多－存在を、ある非－全体に照らして、つまり、そこに－存在する、の「そこ」の存在を規定する、ある別の個別的な存在者に照らして際立たせるのでなければならないかぎりで、現れることはむしろ存在者の本質となるのである。

現れは、存在の内因的な規定である。しかし直ちに見るように、存在者は、存在者の局在化は、つまりその現れは、ある別の個別的な存在者を、つまりその存在者の場所を、あるいはその状況を含意するのであり、現れはそのようなものとして、ある存在者をその場所に結びつけ、あるいは再び結びつけなおすものである。現れの本質は関係なのである。

さて、存在者としての存在者は、絶対的な仕方で結びつきが解消している。これは集合論の枠組みで思考されるような純粋な多の根本的な特徴である。存在するのは多だけであり、他には何も存在しない。それら多のうち、他の多に自ら結びついているものはない。集合論では、関数さえ純粋な多として思考されなければならず、これによって関数は、それらのグラフと同一視される。存在者の存在者性は自らの内在的な構成以外の何ものも想定していない。つまり、存在者は多の多である。厳密に言うと、関係という存在が存在することが、このことによって排除される。純粋にジェネリックな仕方でそのようなものとして思考された存在は、あらゆる結びつきを減算されているのである。

それでも、現れること、したがって特異な存在者であることが存在の役割であるかぎりにおいて、存在は、自分を位置づける存在者との原初的な結びつきによって変状することでのみ、それをなすことができる。存在そのものではなく、現れが、存在論的な結びつきの解消 déliaison のうえに関係の世界を重ねて課すのである。

こうしてある種の経験的な明証性が明らかになる。この明証性は、超プラトン主義と穏健なプラトン主義の組み合わせによって、端的に言えばある形式のプラトン主義の転倒を含んでいる。プラトン主義であればおそらく次のように述べることになる。すなわち現れは両義的であり、動くものであり、捉えどころがなく、思考不可能であるのにたいして、数学を含むイデア性（観念性）こそが、安定していて、一義的で、思考に開示されるのだ、と。しかし、わたしたち近代人はそれとは反対の明証性を主張することができる。すなわち直接的な世界、現れの世界こそが、常に堅固であり、結びついたものであり、一貫したものとしてあたえられるのだ。現れの世界とは関係と凝集の世界であり、そこにおいてこそわたしたちは自分たちの基準と慣用とをもっているのだ、と。要するにそれは、存在がそこに-存在すること（現存在）にとらえられている世界である。むしろ即自的存在、すなわち純粋な多の数学性として、あるいは量子物理学として思考される存在こそが、アナーキーで中性的であり、一貫性を欠き、意味するものに無関心であり、その存在ではないものとのいかなる関係をも巻き込んできないのである。

カントはたしかに、現象的な世界が常に結びつきをもち、一貫したものであることを出発点としていた。この世界がわたしたちに提起する問いは、まさにかれにとって、すでにプラトンの転倒である。というのも、問題になるのは、表象の非一貫性ではなく、むしろその凝集だからである。説明しなければならないのは、現れが構成する世界が、常に結びつきをもち、また結びなおされるということである。『純粋理性批判』が現れの論理学を探求していることに疑いの余地はない。

しかし、カントはこの現れの論理学の諸条件から、存在それ自体がわたしたちにとって認識不可能なものにとどまると推論し、その帰結としてあらゆる合理的な存在論の不可能性を措定する。カントにとって、これはアリストテレス的でもプラトン的でもない結び方なのであって、現れの論理学によって存在論は罷免されるのである。

逆にわたしたちにとって存在論は学として実在し、存在それ自体が到来するのは、数学における思考可能なものの透明性においてである。ただこの透明性が存在にあたえるのは、純粋な多の意味を欠いた合理性だけである。存在としての存在は、存在の認識の無限な仕事においてとらえられるのであり、この無限な仕事が数学の歴史性なのである。こうしてわたしたちは次のように述べることができる。つまり、そのようなものとしての現れによって論理学が存在することが課されるのであって、それというのもこの現れこそが、そこに-存在するの「そこ」を関係として固定するからである。存在論的土台とは、数学で思考されるような、純粋な多性の傾向としての一貫性のなさにすぎない。

しかしそのとき、わたしたちの最初の問題が明らかになる。論理学とは、存在の内因的次元としての現れの学をなすものである、と措定しよう。数学とは、存在としての存在の学である。現れ、つまり関係が、存在を変状する制約〔限定〕であるかぎり、現れの学はそれ自身、存在の学のすなわち数学の構成要素でなければならない。論理学は数理論理学であることが要求される。しかし、数学が存在をその存在にしたがって、その現れの手前で、それゆえ根本的には結びつきをもたないものとして把握するかぎり、数学が論理学とまったく混同されないこともまた要求される。

それゆえ、論理学は数学の内部で、思考の運動であると措定されるだろう。そしてこの思考の運動によって、現れの存在が説明されるのであって、つまり存在がそこに‐存在するかぎりにおいて存在を変状するものが説明される。

現れはある状況、つまりその存在においては常にこの状況である状況の論理学以外の何ものでもない。そして学としての論理学は現れの論理学を、状況的凝集一般の理論として再建するのだ。こういうわけで論理学は言説の形式的な学ではなく、現れの凝集にしたがって思考される可能な宇宙の学であり、この凝集自身は存在者としての存在者の結びつきの欠如の内因的規定である。

わたしたちはここでライプニッツのすぐ近くにいる。論理学はあらゆる可能な宇宙について妥当であり、あらゆる存在がいったん現れるやいなや要求することができる一貫性 cohérence の原理である。しかしわたしたちはライプニッツから離れてもいる。というのも存在するものは、その存在において思考されると、いかなる調和や理由律によっても調整されることはなく、逆に一貫性を欠き、理由をもたない多のなかにまき散らされるからである。

このとき、数学の内部で、論理学の数学としての身分がどのように、どこで明らかになるのかが問わなければならない。論理学は、可能な宇宙の数学的理論であるのか、それともそこに‐存在するにおける凝集の一般理論であるのか、それともまた現れの関係としての一貫性の理論であるのか、と。

これにかんして、論理学の形式化はブールとフレーゲから始まって、ゲーデルやタルスキそしてクリーネらによる洗練された展開に至るまで実現されてきたのだが、しかしこのような形式化には満足することができない。かれらの形式化はたいへん見事なものではあるのだが、しかし述語計算と証明論が対応するアリストテレスと、命題計算と様相論理学が対応するストア派の最初の構築の単なる後続者にすぎないことには変わりがない。この論理学の形式主義は、古代ギリシャ人たちがそうしたように、論理学が形式言語の構築であると想定する。この形式主義は、論理学が一般化された合理的文法の硬い核でしかないという観念を強化する。そしてそれは哲学の言語論的転回に組み込まれる。論理学の形式主義は、存在論の予めの規定を少なくすることができると信じており、また論理学と現れ、あるいは論理学とそこに‐存在することとのあいだの有機的同一性を取り逃がしている。この論理学の数学的な見かけは、派生的で外的なものである。なぜなら、その見かけは単に計算の言葉で表されたものにすぎず、付帯的な一義性にすぎないからである。つまり、数学化とはこの論理学の形象においては形式化にすぎない、ということである。さて、数学の本質は決して形式化ではない。数学は思考なのであって、しかも存在としての存在の思考である。数学の形式的な透明性は、存在が絶対的に一義的であることから直接生じる。数学の所記 écriture は、この一義性の転写あるいは記載なのである。

論理学が語の十全な意味で数学であると述べることが可能になるためには、二つの条件が必要である。しかしながら単なる形式言語の理論は、これらの条件を統合するには程遠い。

第一の条件――論理学は数学の運動それ自身の内部から生じなければならないのであって、数学の活動に言語の枠組みを外的に固定する意志としてではない。集合の存在論的理論がカントールとともに生まれたのでさえ、一般的なあるいは外的な意図からではなく、トポロジーと実数の分類に内的な問題からである。論理学をその数学性に照らして明らかにすることは、論理学を確立し区別する振る舞いが、ある実効的な運動のなかでわたしたちが取り組んでいる根本的なモチーフを再現するかぎりにおいてのみ可能になる。このモチーフとは、現れとは存在の内因的次元であり、そしてそれゆえ現れの学である論理学自身は、存在の学の内部から、したがって数学の内部から呼び出され、また招集されるというものである。

第二の条件――論理学は文法的あるいは言語的分析につなぎ止められることなく、その第一の問いが命題や判断や述定の問いではないこと。第一に論理学とは関係の宇宙であるところのものの数学的思考であること。言いかえれば、その関係の凝集において思考された存在の可能な状況であるところのものの、つまりそこに‐存在するところのものと、あるいは存在の不可避な局在化と結びついた本質であるところのものの数学的思考であること。

わたしたちはすでに論理学の現代の理論について、その特異性を垣間見る以上のことをおこなったが、以上から、その理論はこれら二つの条件にしたがっていること、そしてこの理論が、現代論理学全体が閉じ込められていなければならないと思われていた言語論的で、形式主義的で、公理論的な規約と手を切ることになることが見て取られる。この理論とは、――最後にもう一度その名を挙げておこう──圏論である。そして、この圏論の成果がトポス理論なのであって、ここでは実際、存在の場が問われており、その名がふさわしい。

この理論はアイレンバーグとマックレーンによって、一九四〇年代、現代の代数幾何学の内在的な要求によって素描された。それによって第一の条件が満たされる。この理論はトポス概念の下で、任意の数学的状況が局在化されるためには、どのような宇宙が受け入れ可能であるのか、あるいはどのような宇宙が可能であるのか、についての思考を展開する。この宇宙を提示することの論理学的次元は、完全にこの理論に内在している。この次元は数学的に割り当て可能な宇宙の特徴としてあたえられるのであって、言語論的あるいは形式主義的な外在性としてではない。このことが第二の条件を満たす。

これまでの章でもそうだったように、ここでもまた、今日通常、論理学の圏論的提示、あるいは初等トポスと呼ばれるものの技術的な議論に立ち入ることが問題なのではないことは確かである。ここではその三つの特徴だけを挙げておく。わたしたちが取り組んできた哲学的問題にとってはそれで十分である。

（1）トポスは記述的であって、実のところ公理論的ではない。集合論の古典的公理は、純粋な多の思考の全体化不可能な宇宙を固定する。いわば、集合論は存在論上のある決意なのである。それにたいしてトポスは、関係一般が完全に乏しくなっているある概念から出発して、思考にとって宇宙を語ること、したがって存在の状況の局在化について語ることが容認可能になる条件を定義する。ライプニッツ的なたとえをすれば、集合論は、存在するものがその純粋な「ある」にしたがって思考されるような特異な宇宙を放つのにたいして、トポスは可能な諸々の宇宙とそれらの可能性の規則を記述する。トポスは、ライプニッツにとっては神の知性に含まれる可能的宇宙の査察のようなものである。こういうわけでこの理論は存在の数学ではなく、数理論理学なのである。

（2）トポスにおいては純粋に論理学的な操作子は言語論的形式として提示されない。それらは宇宙の構成要素であり、形式的には他の構成要素からまったく区別されない。わたしはあるカテゴリー、それゆえあるトポスは、完全に一般的で初等的な概念によって、つまり対象 a から対象 b へと方向づけられた関係、すなわち矢印あるいは射と呼ばれる関係によって定義される、と述べた。トポスにおいては、否定、連言、選言、含意関係、量化記号つまり全称記号と存在記号は、その定義があたえられている矢印に他ならない。真理そのものは、トポスの矢印、真理‐矢印でしかない。したがって論理学は、かくかくしかじかの可能な宇宙に内在する局在化の個別的な潜勢力に他ならないのである。

（3）トポスは可能である論理学の複数性を説明する。この点は決定的だ。もし実際に、存在の局在的な現れがその存在にたいして推移的ではないならば、現れの思考である論理学が一つしか存在しない理由はまったくない。現れの結びつきの形式、つまり「そこに‐存在する」における「そこ」の顕現である現れの結びつきの形式は、それ自体多なのである。トポスによって、論理学の可変性がどこで、またどのように示されるかを、深さにおいて、可能な宇宙の数学性から出発して理解することが可能になる。この論理学の可変性は多－存在の厳密で必然的な一義性に照らした、現れの偶然的な可変性でもある。たとえば排中律や二重否定と肯定との等価性を内的な仕方で妥当にする古典的トポスといったものが存在しうるし、これら二つの原理を認めない非古典的トポスといったものも存在しうる。

これらの理由によって、そしてトポス概念の構築を数学的に追跡することによってのみ明らかにすることのできる他の多くの理由によって、この理論〔トポス〕がまさにそのものとして、数理論理学である、とわたしたちは主張することができる。つまり、存在論の内部にある現れの学、すなわち存在のあらゆる真理が決定的に局在的真理であることが意味するものの学なのである。

結局、トポスは局在と大域の見事な定理において頂点に達する。トポスはある種の真理の幾何学を作り上げ、局在的真理の概念にたいして完全に合理的な意味をあたえる。わたしたちがそこで、こういってよければ開かれた定理に読み取ることができるのは、真理をトポスへと向かわせる場所によって課された屈曲のなかでは、現れの学はまた同時に存在としての存在の学でもあるのだ、ということである。

こうして、論理学を存在論的に予め規定しようとするアリストテレスの欲望が実現する。しかしながら、それが実現するのは存在の多義性によってではなく、逆にその一義性によってである。このことが哲学に、数学の条件の下で存在を、つまりわたしの観点ではその現代的プログラムであるものにしたがって再考させるのである。このプログラムとは、任意の存在の状況が非一貫性の縁において純粋な多であると同時に、その現れの内因的で堅固な結びつきであるといったことがどのようにして可能であるのかということを理解することである。

そのときわたしたちは初めて、新しさが現れるとき、つまり存在がその配置を変えるようにわたしたちの眼に映るときに、存在の一貫性が局在的にくずれ、またあらゆる論理学が暫定的に解約されるなかで、常に現れが欠如するのがなぜなのかということの理由を知るのである。というのも、場の論理学を異動させあるいは罷免することで、そのとき表面にやってくるのは存在そのものであるのだから。その恐るべき、また創造的である非一貫性において、あるいはその空において、つまりあらゆる場の場が不在であることにおいて存在そのものが表面へとやってくるのである。

これこそ、わたしが出来事と呼ぶものである。要するに、出来事は思考にとって数学と数理論理学のあいだの内的な継ぎ目にあるのだ。出来事が生じるのは現れの論理学がもはや、それが保持する多－存在を局在化しようとしなくなるときである。マラルメならこう述べるのだろう。そのときわたしたちはあらゆるリアリティが溶解する曖昧なものの近傍にいるのであるのだ、と。しかしわたしたちがいるのは、ある地点が彼岸と溶け合うかぎりにおいて、つまり別の論理的な場の到来においてある冷たく輝く〈布置〉が出現する幸運が存在するところでもあるのだ。

訳注

プロローグ　神は死んだ

（1）　「数学的なものの物質的なグラフのようなもの sorte de graphe matériel de la mathématicité」という表現でバディウの念頭におかれているのは、デカルト哲学における延長実体と観念のうちにある幾何学的延長の観念のあいだの関係およびこの延長の観念と算術あるいは代数的観念のあいだの関係であるだろう。たとえば $ax+by=c$ という代数的観念があたえられるとき、これについて座標幾何学によってグラフをあたえることができる。デカルトは、延長実体自体からなる機械論的宇宙それ自体が、このような代数的観念に対応し、座標幾何学におけるグラフにちょうど対応する軌道を描くと想定していた。バディウのいう「数学的なものの物質的なグラフ」とは、この軌道のことを意味すると理解することができる。

第1章　今日の存在の問題

（1）　この「一貫性なき無限」は infinité inconsistante の訳だが、バディウの『存在と出来事』などほかの著作にしたがえば、もともとはカントールが集合論について論じているときに、矛盾しない無限集合と矛盾した無限集合というのを区別して論じていたところの議論に触発された用語法である。実際、このあとでラッセルによって有名なパラドックスが発見され、集合論のなかに一貫性のある部分とそうでない部分がある、あるいは集合論を素朴に論じただけでは一貫性のない集合を排除できないということが示された。そして、本章訳注3で述べるように、おそらく「固有クラス」のような巨大な無限のことが考えられている。バディウにとって、この集合論の限界、不可能性が、まさに実在、あるいはラカンの表現でいう「現実界」を表現していることになる。象徴界の果て、象徴化不可能な、現実 le réel と呼ばざるをえない「物自体」がこの不可能性において現れるとかれは考える。

（2） Autre を「（大文字の）他者」と訳す日本の翻訳伝統において、見落とされているように思われるのは、この Autre は、たしかに現象学的な意味での「他者」という文脈も流れているが、他方でここでバディウが指摘しているように、プラトンの『パルメニデス』あるいは『ソピステス』における「最重要五類」と呼ばれる後期プラトンの根本カテゴリーのうちの一つである「異」の類のことを、フランスの翻訳伝統では Autre と訳すという文脈もまた流れている。このことはラカンにおいても、また同時にレヴィナスにおいても、さらにあまり言及されてこなかったがドゥルーズにおいてもまた妥当する。ここではバディウの文脈上、ラカンの通常「（大文字の）他者」と訳されるものとの関連で言われているから〈他者＝異〉という苦肉の訳語を当てているが、ここ以外のところでは概ね〈異〉とのみ訳していることに留意されたい。

（3） 「一貫性のなさ」と訳したのは、抽象名詞としての inconsistance であるが、この語をここで用いていることのバディウの含意がどこまであるのか、ということはその参照の配置から推測しなければならない。この語がもともとカントールの順序集合論において矛盾が生じする集合と生じない集合を分けられるのではないかという発想に由来することはすでにみた。ところで、この集合論の基礎づけの文脈において、後にゲーデルが、一階の述語論理の無矛盾性証明をおこない、また翌年有名な第一不完全性定理の証明を提示するが、そのなかで「無矛盾性」と訳されている語は、フランス語で consistance である。つまり「一貫性のなさ」とはこの文脈において「矛盾」を意味しており、それは数学として成立しないことを意味している。ところで、バディウはその初期においてヘーゲルから強い影響を受けていることが知られている。これに加えてかれは唯物論者であることを公言しており、マルクスの弁証法的唯物論に強い親近感を抱いている。と、ここまで文脈をそろえると、ここでバディウが言っている「inconsistance」という語が隠しもっている含意に、ヘーゲルの「矛盾」の影響を見て取りたくなる。ところで、バディウは、この一貫性なき多、を集合論におけるそれ自身は「集合」ではない「集合の集合」、すなわちNBG（フォン・ノイマン－ベルナイス－ゲーデル）公理系においては定義することのできる「固有クラス」とみているように読める。あらゆる集合の集合は、それを前提すれば矛盾を帰結するということが様々な事例から言われるが、バディウが言わんとしていることはおそらくそのことだろう。むしろ議論の余地があるとすれば、公理系の理解そのものにあるかもしれない。果たしてバディウが言う通り、公理系が未定義語による定義をその本質とする場合に、大文字の〈数〉なるものを数学は維持することができるのか。それ自体が実のところ、一の形而上学的な願望の数学への転移ではないと、本当に保証することができるのか。

（4）　プラトン『パルメニデス』一六五C（藤沢令夫訳「パルメニデス」『プラトン全集四』岩波書店、一九七五年、一四九頁）。

（5）　「空からなる多」というと抽象的に聞こえるが、集合論の基本的なモデルとして、空集合（φ）と集合と和集合と冪集合の概念のみから構成されるモデルというものが存在し、おそらくバディウはここでそのことを念頭においていると思われる（同様の議論が『存在と出来事』にある）。{φ}、{φ, {φ}}、{φ, {φ, {φ}}}、{φ, {φ, {φ}}, {φ, {φ, {φ}}}} のようにそのモデルは構成され、可算無限集合のみならず非可算無限集合のモデルもこれによって構成されうる。その意味で、「空からなる多」である。そしてこのように構成されるモデルは、「一貫した多」でありうる。

（6）　ルクレティウス『物の本質について』第一巻、四一八－四四八行（樋口勝彦訳『物の本質について』岩波書店、一九六一年、三〇頁）。

（7）　「無定義項」はtermes non définisの訳だが、一般的には「未定義項」と呼ばれることが多い。公理論的定義あるいは現代公理系の公理の規定において、被定義項を定義する項は、それより遡って定義されることはなく、未定義項のままとされる。

（8）　バディウの表現は晦渋だが、要するに公理系の公理を規定する未定義項は、その意味や指示対象によってではなく、その統語論的な、あるいは文法的な使用（他のいかなる語と結合しまた結合することがないのか、あるいはどこに現れまた現れないのかという語の出現）の規則によって、その意味を自ら開示するということであるだろう。この分析は、ひとにヴィトゲンシュタインのゲーム理論を想起させるかもしれないが、それは半ばただしく、バディウはそのことも知っているはずである。しかし真の参照元は、カヴァイエスの『論理学と学知の理論について』あるいは『連続体について』の議論、あるいは『公理的方法と形式主義』に認められる。一九六〇年代のフランスにおいてもヴィトゲンシュタインへの関心が『分析手帳』上で高まることが認められるが、その背後にはカヴァイエスの影響と、その影響下にあってヴィトゲンシュタインをフランスに導入していたG－G・グランジェやJ・ブーヴレス、J・ブランシュヴィック（レオン・ブランシュヴィックとは別人）らの影響をみることができるだろう。

（9）　プラトン『国家』第六巻五一一Cに相当。訳語は藤沢令夫訳（『プラトン全集一一　クレイとポン、国家』岩波書店、一九七六年）を参考にしつつ、バディウが引用していると思われる仏語訳とここでの文脈を考慮して訳出した。

（10）　« il y a » は、レヴィナスが『存在と無限』において存在論的概念として仕立て上げた概念であることはよく知られており、ここでもそのことが前提されている。訳語として「イリヤ」と音写すると、あまりに名辞的な印象を強くもちすぎるきらいがあり、しかし構文の通り「……がある」と訳すのも、その頻度に鑑みて煩雑であるので、類似語である l'être は、一貫して「存在」と訳していることも併せて考慮したうえで、ここでは「ある」と訳すことにする。以下、括弧書きで「ある」と訳されているのは、すべてこの « il y a » である。

（11）　ルクレティウス『物の本質について』第一巻、八九七－九二〇行（樋口勝彦訳『物の本質について』岩波書店、一九六一年、五一頁）。

第２章　数学とは思考である

（１）　数学の哲学の文脈では、construction を「構成」と訳す習わしになっているが、バディウの他の語の使用とのすり合わせのために、あえて「構築」という訳語をあてた。反対に、costitution が「構築」と訳される文脈もあるが、ここではこれを「構成」と訳している。

（２）　フランス語の直訳調であえて訳すと「同とはそれ自身、思考することであると同時に、存在することである」となる。しかし参照先が明示されていないものの、おそらくパルメニデスの断片三（クレメンス『雑録集』第六巻第二三章、プロティノス『エネアデス』第五巻第一章）が参照元となっていると推測される。したがって翻訳および書誌情報については、三浦要『パルメニデスにおける真理の探究』京都学術出版会、二〇一一年、二五一頁に基づきながら文脈に合わせて若干訳語を修正したうえで訳出している。

（３）　第６章「プラトン主義と数学的存在論」での議論を参照のこと。

第３章　超限 - 存在としての出来事

（１）　コンウェイの超現実数（surreal number）のことを指す。『数と数ども』（Alain Badiou, *Le nombre et les nombres*, Éditions du seuil, 1990）でバディウはこの検討をおこなっている。

（２）　ルクレティウス『物の本質について』第二巻、一〇四八 - 一〇六六行（樋口勝彦訳『物の本質について』岩波書店、一九六一年、一〇七頁）。

第４章　ドゥルーズの生気論的存在論

（１）　Im-propriété を「非特性性」と訳すことで見えなくなる文脈がいくつかあるので、ここで補足したい。まず propriété は慣例にしたがって「特性」と訳しているが、分析哲学の文脈ではむしろ「性質」と訳すほうが一般的であるかもしれないようなもので、ある基体がもつ特徴のことを意味する。ここでは、女性性や男性性が基体である当の具体的人間の特質＝性質であるのか、が問題になっている（バディウは、性的存在は性質ではなく、性質的差異の割り振り過程の境界それ自体だとドゥルーズは考えた、と言っている)。またこの「特性」は、同時に法律用語としては「所有」を意味する。つまり、その場合、基体の所有物であるとは、その基体の特性であるということを含意している。そして、もちろんマルクス主義者であるバディウにおいて、この所有の問題は重要なトピックとも重なることは言うまでもない。さらに、propriété の形容詞形である propre には、「それ固有の」とか、「適切な」とかいった意味がある。Propriété をあえて「特性」と訳す場合には、この形容詞との関係が念頭に置かれている場合だろう。要するに propre 系の語は、基体となるものが本来的に所有している何らかの特徴に関係して用いられるということになる。ところで、フランス語の辞書通りに訳せば、Im-propriété は、「不適切であること」とか、「相応しくないこと」という訳語が選択されるべきだ。このような語の規定は、propre の否定系としての impropre から、その名詞化としての Impropriété が考えられるからだろう。したがって、バディウのここでの語彙選択には、このような通常の語義というものが暗に前提されているはずである。ただ、それをあえてハイフンで否定辞を強調することで、文脈的に propriété の否定形、つまり非特性的であることをも表そうとしている。さらに解釈すれば、これは所有しない/されないということ、存在はいかなるものによっても所有されないということ(=「存在」は「特性」ではない)をも含意しているように読める。ただ、これらすべての含意をまったく異なる来歴をもつ日本語に反映させることは本質的に困難であるので、文脈的にもっとも重視されているであろう意味をもってその含意全体を無理に代表させ、そこに表れないものにかんしては読者自身によって補っていただくことで替えたいと思う。

(2) 「脱生起 dépropriation, Enteignis」はハイデガー用語。脱性起とも(性起は、華厳教学の用語からの転用と思われる)。後期ハイデガー哲学における「生起=出来事 Ereignis」からの派生的概念。脱‐固有化という意味もある。以下の文脈ではフランス哲学の文脈との関係でドイツ語の Ereignis は「出来事」と訳すので、その関係で考えれば、Enteignis は、脱出来事とも訳しうるが、慣例にしたがって「脱生起」とした。Appropriaton は Ereignis の仏語訳であり、その意味では日本語として「出来事」とも訳せるが、脱生起との関係を重視して、これを「生起」とし、Ereignis の別の仏語訳である événement にたいする日本語訳としての「出来事」から区別することとした。フランス語の語感としては、appropriation には、固有化のニュアンスが含まれ、また生起するという働きを含意しているように思われる。

（3）　ジル・ドゥルーズ（宇野邦一他訳）『シネマ1　運動イマージュ』法政大学出版局、二〇〇六年、一一二頁。バディウはこの引用において、ドゥルーズが大文字でVieと書いた部分（〈生〉と訳した部分）を小文字のvieで断りなしにおきかえているが、原著の表記に戻した。

（4）　「と」というのはフランス語のetの翻訳であり、連接を意味する。ただし、文脈的にはドゥルーズの哲学において特別に意識された「et」が含意されている。ドゥルーズにとって「et」とは、異質なもの同士の多様性を意味するある重要な指標である。バディウはこのことを踏まえつつ、ドゥルーズ的な「et」の意義を、連接される項の多様よりも、その「あいだ」の「識別不可能性」に見ている。

（5）　「唯一の叫び声」とここで訳されたunique clameurには、ここでバディウが暗に言及しているドゥルーズにかんするかれの著作である、*Deleuze: La clameur de l'Etre*のタイトルにもある語彙が関連づけられていることは明らかだ。邦訳ではこれは「存在の喧騒」と訳されているが、管見では日本語のニュアンスがバディウの意図と一致していないように見える。なぜ叫び「声」なのかといえば、これが本節で一貫して問題になっている「存在の一義性」、すなわちunivocité de l'êtreの、uni-vocitéつまり、単一の声と懸けられているからだ。そしてそれが「叫び声であるのは、前段落にあるようにこの声は、病いにおいてこそ、あるいはまさに痛みにおいてこそ、あるいは存在の暗き隔たりという〈傷－出来事〉から到来する叫びにおいてこそ、その真意を聞き取ることができるものだからだ。ただバディウは、ここでこの痛みの底を破った先からやってくるこの声こそが、まさに非人称的な愛であることを理解していないようにも見える（そしてこの点においてこそ、ニーチェとスピノザが一致するということもまた）。ドゥルーズが「内在＝一義性」とバディウに書いてよこしたことの真意がくみ取られるべきなのは、この意味でではなかったのだろうか。

（6）　ジル・ドゥルーズ（宇野邦一訳）『フーコー』河出書房新社、二〇〇五頁。

第5章　スピノザの閉じた存在論

（1）　書簡九「スピノザからド・フリースへ」〔一六六三年三月〕（畠中尚志訳『スピノザ往復書簡集』岩波書店、一九五八年、五二頁）。バディウはここで、一六六三年二月の日付をもつスピノザからシモン・ド・フリースへの手紙と書いているが、スピノザからの返信で、当該の内容の手紙は三月日書かれたものの誤りである。

（2）　書簡六三「シェラーからスピノザへ」〔一六七五年七月二五日〕（畠中尚志訳『スピノザ往復書簡集』岩波書店、一九五八年、二八二頁）。

（3）　バディウは、知性 intellectus というラテン語をあえて知力 intellect（ここでは知性 intlletectus と区別することを知力と訳した）というフランス語に訳していることを踏まえて、日本の翻訳伝統では「無限知性」や「有限知性」と訳されるものを、ここでは「無限な知力」「有限な知力」と訳している。ただその背後には明らかに「無限知性」や「有限知性」と訳されるものの背景文脈があり、そのことを明示するためにそれぞれの初出と、スピノザからの直接の引用で登場する場合にのみ、訳者補注の形でそれを補った。

（4）　書簡三二「スピノザからオルデンブルクへ」〔一六六五年一一月二〇日〕（『畠中尚志訳『スピノザ往復書簡集』岩波書店、一九五八年）。

（5）　Puissance の訳語であり、スピノザについて論じるところ以外では、一貫して「潜勢力」と訳出しており、それで意味が通るのだが、スピノザについてだけはそれだとスピノザの哲学体系との一貫性が損なわれるために、翻訳伝統に合わせて「力能」とし、それが puissance の訳語であることを明示するために「潜勢力」という語を訳者補注の形で補った。

第6章　プラトン主義と数学的存在論

（1）　Paul Benacerraf and Hilary Putnam ed., *Philosophy of Mathematics. Selected Readings*, Prentice-Hall, INC., 1964, p. 15.

（2）　第一章訳注2と同様に、ここでは文脈に鑑みて、パルメニデスにかんして訳されているように訳した。

（3）　Abraham A. Fraenkek, Yehoshua Bar-Hillel, Azriel Levy, *Foudations of Set Theory, sedond revised edition*, Elsevier,

1973, p. 332.

（4） Kurt Göderl, "Gödel 1964, What is Cantor's continuum problem?", in *Kurt Gödel Collected Works, volume II, publications 1938-1974*, edited by Solomon Feferman et al., Oxford University Press, 1990, p. 268.

（5） ここでバディウが念頭に置いているのは、Frederick Rowbottom, "Some strong axioms of infinity incompatible with the axiom of constructability", *Annals of Mathematical Logic*, Vo. 3, No. 1, 1971, pp. 1-44 であると思われる。

（6） *The Bulletin of Symbolic Logic*, Vo. 16, No. 2, June, 2010, p. 299 には次のような記載がある。「かれ〔ロウボトム〕のこの論文〔上記訳注のもの〕とかれの博士論文は、巨大基数性が、構築可能宇宙Lにおいて定義可能な集合を制限することができるということを初めて実現した仕事である。かれはしたがって、ラムゼイ基数が可測基数よりも弱いことを、そしてラムゼイ基数の実在が構築可能な実連続体が可算であることを含意することを示した。かれはさらに、これが弱い分割と二つの基数性質からも導かれることを証明した。ロウボトム基数はまたω_1がLにおいて到達不可能基数であることを含意する」。

（7） ここでバディウが「反映定理 théorème de réflextion」と呼ぶものが、本当に定理のほうを意図しているのかどうかは文脈的に明らかではない。文脈的には、むしろ反映原理のことを意図しているように読める。反映原理がZFC上で定理として証明されるには、モンタギューの一九六一年の論文によってであるが、これは弱い反映原理としてである。ここでの反映原理は、ベルナイスが用いたものか、あるいは巨大基数公理と関係のあるより強いタイプのものではないかと推定される。

（8） フランス語では venue en éclosion で「開花しつつある」という意味だが、おそらくハイデガーが『形而上学入門』において「自然（ピュシス）」について論じている箇所で用いているドイツ語 Aufgehen にたいしてあてられた仏語訳ではないかと推定される。上田圭委子「ハイデガーの存在の思索におけるピュシス概念」（『哲学誌』東京都立哲学会、二〇一五年、二五―四六頁）には次のようにある。「ここで『ピュシス』とは、『立ち現れること（Aufgehen）』を意味する。たとえば、『薔薇の開花（das Aufgehen einer Rose）』において聴取されるように、ピュシスとは『自らを開きつつある展開』であり、『このように展開することにおいて現象へと歩み入ること、そしてこの現象のなかで、自らを保持し、留まること』、つまりは『立ち現れつつ留まる統治（das aufgehendverweilende Walten）』のことだとされる（EM11）」（三五頁）。この解釈にしたがってハイデガー用語として明確である際のéclosionについて、「立ち現れ」と訳出することとした。

（9）　後期プラトンの著作である『ソピステス』においてプラトンは哲学における最重要五類と呼ばれるものとして、「有」、「異」、「同」、「動」、「静」を挙げているが、邦訳において主に「異」と訳される習慣のあるギリシア語が、フランス語の翻訳伝統においてはl'Autreと訳されることになっている。ところで、このl'Autreは現代フランス哲学においては「他者」あるいは「大文字の他者」などと呼ばれ（あるいはそのように日本語に訳され）、ラカン、レヴィナス、デリダなどによって繰り返し論じられてきた概念を含意してもいる。バディウのここでの議論も、この点への目配せが予想されるものの、日本語の文脈で、プラトンにおける「他者」のイデアでは意味が通らないので、ここでは日本語の翻訳伝統にしたがって一貫して「異」と訳すことにする。ちなみに、「差異」と訳されているのは、différenceであり、「異」とは異なる（もちろんその関係が問題ではあるが）語を指示している。

第7章　アリストテレス的方向づけと論理学

（1）　「にたいして自動詞的であるêtre intransitive à」とはバディウ固有の言い回しであると思われるが、要するに対象補語をもたないということ、つまりここでいえば、数学と同一である思考は、臆見や経験を対象としてもたないということであると解釈した。

第8章　論理学、哲学、「言語論的転回」

（1）　圏論について日本語で読めるもっとも初歩的なもののひとつはT・レンスター（斎藤恭司・土岡俊介訳）『ベーシック圏論　普遍性からの速習コース』丸善出版、二〇一四年であるように思われる。ただしトポスについてはあまり出てこない。この他により包括的な圏論の古典的著作として、ソンダース・マックレーン（三好博之・高木理訳）『圏論の基礎』シュプリンガー・フェアラーク日本、二〇〇五年およびスティーヴ・アウディ（前原和寿訳）『圏論　原著第二版』共立出版、二〇一〇年がある。またトポスと論理学との関係についての概説として、清水義夫『圏論による論理学――高階論理とトポス』東京大学出版会、二〇〇七年がある。

第9章　トポス概念についての初等的注解

（1）　古典的な論理学、あるいは古典論理学は、非古典論理学との対比において規定される。非古典論理学の代表例は直観主義論理や多値論理などであり、そこでは排中律を前提しない。すなわち排中律とは、ある任意の命題Aがあるとき、その命題について、それが真であるかさもなくば偽である（かつ逆もまたしかり）という事態が無条件に成り立つことを要請する原理である。排中律を前提しないということは、ある命題Aがあって、それが真でもないが偽でもないという事態を許容するということを意味する。これにともなって、背理法の使用に制限がかかり、また古典論理では前提できる（定理として証明できる）二重否定除去規則も、その使用に制限が加えられる。

第10章　論理学についての初等的な暫定的テーゼ

（1）　論理学の幾何学化について、バディウがここで十分に説明を尽くしているとは思えないが、しかし訳者がそれに代わって適切な説明をおこなうこともまた難しい。大枠で述べていることは、論理学の圏論化の議論であり、それを幾何学化と呼ぶのは、圏論がそもそも代数位相幾何学におけるホモロジー、コホモロジーの理論形成の過程で要請されたことなどに由来する（また圏の記法それ自体がグラフという幾何学的なものだということもあるかもしれない）。論理学の圏論化（あるいはトポス概念に基づく圏論的論理）について、日本語で読めるのは、上記の清水義夫『圏論による論理学』である。その歴史については、たとえばJean-Pierre Marquis and Gonzalo E. Reyes (2012). "The History of Categorical Logic 1963-1977", *Handbook of the History of Logic: Sets and Extensions in the Twentieth Century*, Volume 6, D. M. Gabbay, A. Kanamori & J. Woods, eds., North-Holland, pp. 689-800. また、圏論的論理は、現在おもにタイプ理論との関係で議論されており、たとえば、ホモトピータイプ理論 Homotopy Type Theory などでその応用が進んでいる。

第11章　数の存在

（1）　コンウェイによる「超現実数」の解説で日本語で読めるものにJ・H・コンウェイ、R・K・ガイ（根上生也訳）『数の本』丸善出版、二〇〇一年があるが、超現実数の扱いは非常に少ない。それにたいして数学小説の形式ではあるもののドナルド・E・クヌース（松浦峻輔訳）『至福の超現実数――純粋数学に魅せられた男と女の物語』柏書房、二〇〇四年のほうはその全体像を見ることができる。英語の原典としては、John Conway, *On Numbers and Games*, Academic Press, 1976 があり、古典的となった「超現実数」の解説書として Harry Gonshor. *An introduction to the Theory of Surreal Numbers*, Cambridge University Press, 1986 がある。『数の本』でのコンウェイの簡潔な「超現実数」の説明は示唆に富むので紹介しておく。曰く、「実数が整数の隙間を埋めているのと同じように、『超現実数』はカントールの順序数の隙間を埋めていきます」（三〇三頁）。要するに「超現実数」とは順序数の一般化の結果である。そしてさらに示唆に富むのは、超現実数によって構成された数の多様性にたいして（つまり同じ2という数が無限の仕方で構成できるということ）、その数に一意性を回復するプロセスがゲームになるということである。ただし、これらの興味深い論点についてバディウはまったく考慮していないように見える。またバディウと「超現実数」については、John Kadvany による *Policy & Science*, 2008 に所収の『数と数ども』についての書評および Reuben Hersh による同書に対する書評を参照されたい。後者については近藤和敬・黒木萬代による邦訳があるルーベン・ハーシュ「書評　アラン・バディウ『数と数ども』」『現代思想　現代思想の総展望２０１８』青土社、二〇一八年。

（2）　バディウが明言しないので定かではないが、ジル・シャトレが「振る舞い」について中心的に論じていると思われるテキストは『運動体の問題――数学、物理学、哲学』（Gilles Châtelet, *Les enjeux du mobile. Mathématique, physique, philosophie*, Seuil, 1993）である。ジル・シャトレは、ドゥルーズとガタリの共著である『哲学とは何か』（一九九一年）においても「カオス」概念にかんして言及されており、ガタリとドゥルーズの思想とシャトレの思想の関係について問うべきところがある。この点については、フィリップ・ロワ『運動体の不動――シャトレとドゥルーズの自然哲学』（Philippe Roy , *L'immeuble du mobile. Une philosophie de la nature avec Châtelet et Deleuze*, PUF,

2017）で論じられている。

第12章　カントの減算的存在論

（1）カント『純粋理性批判』B版一三一頁（熊野純彦訳『純粋理性批判』岩波書店、二〇一二年、一四二頁）。
（2）カント『純粋理性批判』B版一三一頁（熊野訳『純粋理性批判』、一四二頁）。
（3）カント『純粋理性批判』B版一三三頁（熊野訳『純粋理性批判』、一四六頁）。
（4）カント『純粋理性批判』B版一三四頁（熊野訳『純粋理性批判』、一四八頁）。
（5）カント『純粋理性批判』B版一三九頁（熊野訳『純粋理性批判』、一五六頁）。
（6）カント『純粋理性批判』A版一〇八頁（熊野訳『純粋理性批判』、一六一頁）。
（7）カント『純粋理性批判』B版一四三頁（熊野訳『純粋理性批判』、一六二頁）。
（8）カント『純粋理性批判』A版一〇四頁（熊野訳『純粋理性批判』、一五五頁）。
（9）カント『純粋理性批判』A版一〇七頁（熊野訳『純粋理性批判』、一五七－一五八頁）。
（10）カント『純粋理性批判』A版一〇九頁（熊野訳『純粋理性批判』、一六一頁）。
（11）カント『純粋理性批判』A版一〇九頁（熊野訳『純粋理性批判』、一六一頁）。
（12）カント『純粋理性批判』A版一〇九頁（熊野訳『純粋理性批判』、一六一頁）。
（13）カント『純粋理性批判』、ただし詳細は不明。
（14）M. Heidegger, *Kant und Problem der Metaphysik*, Frankfurt am Main, 1951, p. 153.
（15）カント『純粋理性批判』B版一三八頁（熊野訳『純粋理性批判』、一五四頁）。

第13章　群、カテゴリー、主体

（1）初等的な補足。$a+(b+c)=(a+b)+c$ を、$f \circ (g \circ h)=(f \circ g) \circ h$ に置き換えることは、単に、文字を書き換えて、演算記号を＋から $\circ$ に書き換えるということではない。類比的にとらえるなら、座標幾何上の位置座標をベクトル空間上のベクトルに置き換えることを理解することが参考になるかもしれない。
（2）『存在と出来事　第二巻　世界の論理』（*Logique des mondes. L'être et l'événement*, 2, Éditions du seuil, 2006）のことを指す。

第14章　存在と現れ

（1）カント『純粋理性批判』B版IX頁（熊野純彦訳『純粋理性批判』岩波書店、二〇一二年、一一頁）。
（2）バディウが明示していないので確定はできないが、言及の内容から判断して、クロード・アンベール『論理学の歴史のために――プラトンの遺産』（Claude Imbert, *Pour une histoire de la logique. Un héritage platonicien*, Paris, PUF, 1999）のことであろうと推察される。
（3）カント『純粋理性批判』B版四五五頁（熊野訳『純粋理性批判』、四六八頁下段）。

解説

近藤和敬

本書『推移的存在論』を著したアラン・バディウ（Alain Badiou, 1937-）は、フランスの哲学者であり、ドゥルーズ、デリダ、フーコー、ラカン、セールといったもはや教科書的な知識ともなったかつてのフランス現代哲学のキープレイヤーが他界したのち、いわば最後のフランス現代哲学の重鎮としての地位と役割を占めている人物である。私事で恐縮だが、わたしがフランスに滞在していた二〇〇六年秋と二〇〇九年から二〇一一年のあいだ、何度となくバディウの名を様々な研究者や学生から聞くことになった。フランスの科学認識論をやっていて数学の哲学でドゥルーズにも関心があるのならバディウを読まないとだめだろという趣旨のことを言っていた当時の同世代のフランスの院生にも何人か出会った記憶がある。実際、わたしもピエール・カスー＝ノゲス氏に勧められて陪席した二〇〇六年九月に高等師範学校でおこなわれた『存在と出来事　第二巻　世界の論理』にかんするシンポジウムでは、バディウ自身による自著の説明(1)に加えて若手研究者らによるバディウ哲学についての報告がなされたのだが、会場はほぼ満席でテレビカメラによる撮影もおこなわれていたことを覚えている。このときのコロックの報告は、二〇一一年に、D・ラブワン、O・フェルタン、L・ランコルン『アラン・バディウの『世界の論理』をめぐって』（David Rabouin, Oliver Feltham, Lissa Lincoln, éd., *Autour de Logique des mondes d'Alain Badiou*, Éditions des archives contemporaine）として出版されており、その時の報告内容を読むことができる。この論集では、D・ラブワンやG・ケメックスなどのほかに、Q・メイヤスーが二本の論文「世界の論理における可能なものと奇跡」「『存在と出来事』第一巻及び第二巻における決意と決意不可能性」を掲載していることも目を引く。

バディウ自身の紹介は他の翻訳において何度かなされているので詳細なものは割愛するが、六〇年代はアルチュセール派の中心的メンバーの一人として知られ、毛沢東主義に傾倒しつつ六八年五月の運動に参加したこと、七〇年代はドゥルーズもいたパリ第八大学で教鞭をとりつつ、ドゥルーズに表立って論戦（あるいはむしろドゥルーズの擁護者からみたら授業妨害）を吹っかけていたこと、八〇年代の後半、主著ともいうべき『存在と出来事』（一九八八年）を著したのち、ドゥルーズとのあいだにかなりの量の書簡の往復があったことなどは思い出しておいてよいだろう。またラカンの精神分析に六〇年代頃から傾倒し、ラカンの娘婿であるジャック＝アラン・ミレールとはまた少し異なるラカン解釈を展開していることでも知られる[(2)]。

バディウの著書は、講義録や共編著などまで含めると一〇〇冊近くにまで及ぶ（ただし哲学的な著作以外の小説や戯曲がその二割程度を占める）。そのうち日本語に翻訳されているものは二〇冊に足らないが、英語圏では（出版地が複数国にまたがるので比較しても意味がないとはいえ）約半数近くまで翻訳されていることに鑑みると、日本のバディウ理解はまださほど十分なものとはいえないことがわかる。何よりバディウの主著である『存在と出来事』三部作（二〇一八年九月に『存在と出来事』の第三巻「真理の内在性」*L'Immanence des vérités. L'être et l'événement*, 3, Librairie Artheme Fayard が出版された）を邦訳で読める日が来ると、本邦でのバディウ理解の状況もかなり変わる可能性がある。

バディウの哲学の最大の特徴は、フランスの数学の哲学の文脈に基づく議論を自身のものとしているところと、一世代前のフランス現代哲学の論者が全くと言っていいほど（デリダに若干の例外があるとはいえ）言及しなかったにもかかわらず、二〇〇〇年前後以来フランスでも急速にスタンダード化していった印象のある英語圏の哲学の議論をある程度前提しつつ参照しているところであろう。主題設定や概念の水準で見れば、ドゥルーズとガタリやデリダ、ラカン、フーコーといった世代の議論とそれほど大きな違いはないのだが（あえて言えば毛沢東主義的なところに独自性があるとはいえるものの）、かれらの議論を現在の世界的な哲学的動向のなかで継承・発展させるための基本的素地を、数学の哲学と分析哲学への言及によってバディウが形成したという点は看過すべきではない。ただし、これらの仕事はバディウが一人でなしたことではなく、それぞれについて、フランスではJ・カヴァイエス以後、J－T・ドゥサンティやG・シャトレらによって引き継がれた数学の哲学の重厚な文脈と、G－G・グランジェらによって引き継がれ五〇年代以降展開し、F・レカナティやD・スペルベルなどで知られるフランスでの独自の分析哲学や言語哲学の受容と発展の文脈があってのことだということは付け加えなければならない。ある意味でバディウはそれらの仕事のよいところをとりながら、それを一世代前のフランス現代哲学の議論に接続して見せたと言えば、ある程度かれがなしたことを客観的に評価できるかもしれない（そしてこの点は、バディウ以後、メイヤスーらによって引き継がれることになる）。そしてこのような振る舞いは、きわめて俗的な意味で、世界中の哲学の研究者志望の学生たちを惹きつけたことは想像に難くない。そしてその結果、英語圏でバディウ関連本が何十冊も出版されるという状況が生み出されたのだろう。

バディウの数学の哲学

以下ではあまり日本では知られていないバディウの数学の哲学とその背景文脈について文献情報とともに紹介したい。バディウが自身の哲学的著作として最初のものと呼んでいるのは、アルチュセールの影響下にあった高等師範学校周辺の雰囲気のなかで書かれた『モデルの概念』（A. Badiou, *Le concept de modèle. Introduction à une épistémologie matérialiste des mathématiques*, Maspero, 1969）である。この著作の内容について概観するには、社会学者であるC・レヴィの書評（Catherine Lévy, « Badiou, A., *Le concept de modèle. Introduction à une épistémologie matérialiste des mathématiques* », *Revue française de sociologie*, 1969, 10-3, p. 393）を読むのがよいだろう。それによれば、バディウはこの著作において、「モデル」という語を三つのレベルに分けており、それぞれをイデオロギー的レベル、哲学的レベル、科学的レベルとして区分している。イデオロギー的レベルとは、要するに科学の対象を唯一のものと考えさせるような「モデル」という語の使用である。社会学や経済学、人類学などで顕著に見られるこの水準でのこの語の使用は、特に明示的に批判される。なぜならそのような「モデル」という語の使用の背後には、科学の「もっともらしいイメージを仮構し、実在についての実践的変形の過程」（前掲書）であるはずの科学を見ようとはしないからである。次に哲学的レベルとは、主に「論理実証主義」の議論に基づくものである。（たとえば集合論によって形式化された）ある形式的構造があって、それがある十分形式化された well formed 理論について、その理論のすべての公理を妥当とするなら、その構造はその理論のモデルであると言われる。ところで、すべての構造にたいしてある公理が妥当となるなら、その公理は論理的公理である、というのが、論理学と数学とを分ける基準となる。このとき、実証主義的哲学におけるモデルという語の使用は、それが論理学を経験を組織化する構文論として特権化し、意味論を経験の与件から構成するかぎりにおいて、「実在の表象の学に資する」ものとみなされる点が批判されることになる。それにたいしてバディウが言う「弁証法的唯物論者」は、モデルを「科学史の部分とする」。たとえば、バディウはつぎのように述べている。「(弁証法的唯物論者にとって)あらゆる科学は実験的である。数学は認識の産出過程であり、それは二重に分節化される。『モデル』は、形式体系という特定の実験装置と関係づけられるかぎりにおいて概念的分節化を指示する。『形式体系』は、同様に実験的分節化あるいは記号列を指示する。そして第一分節による第二分節の包摂が存在している。形式数学的モンタージュの知性は、数学それ自体の概念的実践において展開するのである」(A. Badiou, *Le concept de modèle, nouvelle édition*, Librairie Artheme Fayard, 2007, p.138)。

　科学を歴史的産出過程の一部としてみようという主張は、バディウ以前に、フランス科学認識論のなかで、特にG・バシュラール、G・カンギレムらによって主張されていた。バディウは、かれらの弟子でもあり、科学認識論をマルクスの弁証法的唯物論に結び付けようとしていたL・アルチュセールの影響下にあった。したがって、この著作でなされていることは、まさに形式科学およびその根幹にある論理学と数学を、アルチュセール的な文脈に位置づけなおすことを意図していたということがわかる(それゆえか、この著作においてもカンギレムとバシュラールの著作に参照が附されている)。ところで、この著作においては言及されていないが、しかしこういった数学それ自体を歴史的な概念創造の過程に位置づけようという動きは、すでに戦間期のフランスにおいてみられ、たとえばJ・カヴァイエスとA・ロトマンがそのような意図のもとでそれぞれの博士論文およびいくつかの著作を刊行していた(3)。また戦後のフランスにおいてかれらの文脈を引き継ぎつつ、ここでバディウが言わんとしていたことのいくつかについては、J

－T・ドゥサンティが『数学的理念性』という著作のなかで展開していたアイデアでもある（かれの著作に言及がないのは、あるいは政治的理由かもしれない）。また同様に現代数学におけるモデルと構造の問題については、M・セールが『ライプニッツのシステム』という著作において議論しているものの、これらの著作についてバディウのこの本における参照はない（ただしセールについてはかれとのテレビ対談への参照がつけられている）。

『モデルの概念』以後、バディウが自身の数学の哲学を展開することになるのは、この著作からかなりの時間をおいて出版されることとなった『存在と出来事』（一九八八年）においてである。ここでは主に、ゲーデル以後の集合論の議論が参照されている。特に、ゲーデルの階層的宇宙モデルとコーエンの選択公理の相対的無矛盾性証明においてもちいられた「強制法」という現代モデル論の議論が中心的に参照されることになる。そしてこの著作においては、本書でも展開されるバディウ独自の数学の哲学のベースとなる主張が確立されることになる。たとえば「数学とは存在論である」という主張は、この著作においてはじめて確立されたものである。ただしこの時点では、数学とはほとんど集合論のことを意味しているように思われる。そのかぎりで、数学とは集合論であるというブルバキ的な思考に、バディウはこの時点ではかなり縛られていたと述べることができるだろう。そして一九九〇年に出版された『数と数ども』（*Le nombre et les nombres*, Éditions du seuil）において順序としての数の構成について議論しているときもまた、基本的にはこの範囲を超えていない。

ところで、この問題点を最初に決定的に指摘したのは、『現代』誌上に掲載されたドゥサンティの批判論文「バディウの内部存在論にかんするいくつかの注解」（« Quelques remarques à propos de l'ontologie intrinsèque d'Alain Badiou » in *Les Temps Modernes. Alain Badiou en questions*, vol. 45, N. 526, 1990, pp. 350-364）

である。これによって、バディウの数学の哲学が集合論に特化したものであり、同時に集合論とは別の数学の基礎を提供しうる圏論のもとでは、バディウとは別様の存在論がありうることが指摘された。バディウはこの批判にすぐさま応えるべく圏論について直後から考察を始めたらしい。その結果をまとめたのが、A・バディウ『超越論的なものの数学』(Alain Badiou, ed. and tran. and with an intoro. by A. J. Bartlett and A. Ling, *Mathematics of the Transcendental*, Bloomsbury, 2014. 現時点では英語版のみ存在する)である。ここにはバディウが圏論とトポスについて何を数学的に理解し、またそれをどう哲学的に解釈しているのか、ということの詳細が描かれている(実際には、半分以上が初等的な圏論の入門書として読めるようになっている)。

本書『推移的存在論』は、『数と数ども』で導入された「大文字の数」および「超限‐存在」という概念を、ドゥサンティによる「内部存在論」であるという批判のあとで、圏論とトポスの議論を踏まえつつ自身の議論を拡張したあとの、自身による数学の哲学(したがってバディウにとってこれは「存在論」である)の最初のデッサンだと述べることができるだろう。さらにここで描かれたデッサンを、ヘーゲルの『大論理学』になぞらえつつ圏論を自由に用いながら全面展開したのが、『存在と出来事　第二巻　世界の論理』(Alain Badiou, *Logique des mondes. L'être et l'événement, 2*, Éditions du seuil, 2006)である。その意味で、本書は、バディウにとっての決定的な転回点となった、ドゥサンティによる批判の以前と以後をつなぐという意味でも transitoire な(つまり「推移的」というだけでなく、「移行期的」という意味でもある)著作だということになるだろう。

メイヤスーとの関わり

バディウとメイヤスーとの関わりが文献学的に言っていかなるものであるのか（いかなるものになるのか）ということについては、これからのメイヤスー自身の議論の展開と後世の歴史家による研究をまたなければならないのだろうが、そこに浅からぬ関係があることだけは、一目瞭然である。少なくともわたしが調べたかぎりでも、一九九九年に開かれたバディウ・コロックから一貫して、メイヤスーがバディウの議論をフォローしつつ擁護していることや（Quentin Meillassoux, « Nouveauté et événement », éd. par Charles Ramond, *Alain Badiou. Penser le multiple. Actus du Colloque de Bordeaux, 21-23 octobre 1999*, L'Harmattan, 2002, pp. 39-64.「新しさと出来事」、『アラン・バディウ　多を考える』）、いまや世界的に有名になった『有限性の後で』（二〇〇六年、邦訳、人文書院、二〇一六年）においても集合論についてバディウの『存在と出来事』を参照するといったところからそのことは見て取ることができる。日本ではバディウを一足飛びにしてメイヤスー評価がなされつつあるが、メイヤスーがあまり触れることのないドゥルーズとガタリやデリダ、ラカン、フーコーらとの連続性と差異を考えるうえで、まさにそれらとの蝶番の役割を果たしているバディウの議論の重要性がこれから認識されていくことになるのではないかと考えられる。

本書の翻訳について

本書の邦訳は、私、近藤和敬と松井久氏の共訳において行われた。最初、編集担当の廣瀬氏からの依頼を受けた私が、松井久氏に依頼して共訳者として参加していただいた。諸般の事情により、松井氏に下訳をお願いして、それを私が文脈や既訳との関係を考慮した修正を行い、さらにそれを基にした修正の往復を繰り返して訳文を完成させた。滞りなく翻訳を完成させることができたことはひとえに松井氏のおかげだと思っている。ここに記して感謝したい。

訳語についていくつか補足的説明をしておく。(se) soustraire について。「差し引く」「免除する」などの意味のほかに、「引き算する」という算術上の意味がある。また再帰動詞では à を伴って「～から逃れる」という意味がある。しかし、ここではメイヤスーの訳語として定着している「減算する」という訳語を一貫してあてた。理由の一つは、ここでのバディウの soustraire は文脈的にみて、バディウの固有語としてもちいられているように思われ、一般的な意味とは齟齬があることが挙げられる。バディウの使用の文脈においては、「一」と「多」の形而上学的議論において、「多」から「一」という審級を消去する、つまり、単に数としての一を引き算するというよりも、概念としての「一」なるものを引き算するという意味でもちいられることが多い。ただし、その使用の文脈全体が、「数」というこれ自体もまたバディウ的な概念（「数学は存在論である」という命題と連携する）と結びついており、そのこと全体を表現するかぎりで、単純に「逃れる」とか「免除する」という訳語以上に、「引き算する」「減算する」という数学的用語を訳語としてあてるのが適当であると判断した。そのうえで、すでに邦訳のあるメイヤスーの議論に登場する「減算」という訳語との対応があると判断し、それを反映させるために「減算する」という訳語を選択した。

次に題名の一部ともなっている transitoire である。「推移的存在論」というように「存在論」の形容詞としてもちいられているが、これはフランス語としても若干違和感のある使用法だと思われる。通常であれば「一時的」「一過性の」「過渡的な」「暫定的な」などと訳す。したがって訳語の第一候補としては「暫定的存在論」ということになるだろう。しかし本書の内容をみると、暫定的な存在論や、過渡的な存在論が論じられているというよりも、はっきりとバディウの主張が展開されている。たしかにバディウによって最終章において展開される存在と現れの論理についてはそのデッサンを示すのみだと言われてはいるが、バディウの存在論が数学であるならば、論じるべき存在論とは、数学が存在論であることを論じることのみとなる。そしてそのことについてはすでに本書においてかなりはっきりと論理展開が示されており、それを「暫定的」と呼ぶことには抵抗がある。さらに言えば、本書全体を通して、本書の題名以外の場所では transitoire という語は一度も使われない。それゆえバディウが一体どのような意味でこの語を題名にあてたのかについては明示されていない。その一方で、本人の「数学は存在論である」という存在論の主張の核心部分に、順序集合の議論が入っており、そこでは「推移的」と訳すべき transitif という transitoire の類語が数度もちいられている（本書ではこれも「推移的」と訳しており、本文中に出てくる「推移的」はすべて transitif の訳語である）。これらのことを考慮して、「過渡的」という意味も暗に込めつつ、「推移的」という訳語を transitoire にあてることにした。ちなみに、原典の題名には、court traité de が「推移的存在論」の前に付されており、直訳すれば、「〜についての短論文」ぐらいになるが（フランス語でこの文字列が使われるのは、ヴィトゲンシュタインの『論理哲学論考』やスピノザの『短論文』の仏語訳においてであるが、それらとの関係は明示されていない）、日本語の本の題名という観点から判断して敢えて省略した。

最後に本書を担当していただいた水声社の廣瀬覚氏には、出版までのスケジュール管理や細部にわたる校正などで大変お世話になった。ここに改めて謝意を記しておきたい。

註

（1）　このときのバディウ自身による発表内容は以下のウェブサイトで聞くことができる。http://savoirs.ens.fr/expose.php?id=244

（2）　バディウとラカンについては、坂本尚志「構造と主体の問い――『分析手帳』という出来事」、上野修・米虫正巳・近藤和敬編著『二〇世紀フランスのエピステモロジーとスピノザ主義』以文社、二〇一七年、一六九－一九一頁を参照。

（3）　カヴァイエスについては拙著『構造と生成Ⅰ　カヴァイエス研究』（二〇一一年）およびカヴァイエス（近藤和敬訳・解説）『構造と生成Ⅱ　論理学と学知の理論について』（二〇一三年、いずれも月曜社）および中村大介「〈数学の無尽蔵性〉と二つの哲学――カヴァイエスとゲーデル――」『哲学論叢』四三号、二〇一六年、二七－三九頁など中村氏の諸論文を参照。

著者／訳者について——

アラン・バディウ（Alain Badiou）　一九三七年、モロッコのラバトに生まれる。哲学者、作家。主な著書に、『存在と出来事』（*L'Être et l'événement*, Seuil, 1988）、『世界の論理』（*Logique des mondes. L'être et l'événement*, 2, Seuil, 2006）、『真理の内在性』（*L'Immanence des vérités. L'être et l'événement*, 3, Fayard, 2018）、『コミュニズムの仮説』（市川崇訳、二〇一三年）、『議論して何になるのか』（共著、的場寿光・杉浦順子訳、二〇一八年、いずれも水声社）などがある。

＊

近藤和敬（こんどうかずのり）　一九七九年、兵庫県に生まれ、福井県で育つ。大阪大学大学院人間科学研究科博士後期課程単位取得退学。現在、鹿児島大学法文学部准教授。専攻、哲学・哲学史。主な著書に、『カヴァイエス研究』（月曜社、二〇一一年）、『数学的経験の哲学　エピステモロジーの冒険』（青土社、二〇一三年）、主な訳書に、ジャン・カヴァイエス『論理学と学知の理論について』（月曜社、二〇一三年）などがある。

松井久（まついひさし）　一九七二年、大阪府に生まれる。パリ・ナンテール大学博士課程修了（哲学）。現在、法政大学兼任講師。専攻、生命科学の哲学、生命科学史。主な訳書に、アンリ・ベルクソン『創造的進化』（共訳、筑摩書房、二〇一〇年）がある。

装幀——宗利淳一

推移的存在論

二〇一八年一二月一〇日第一版第一刷印刷　二〇一八年一二月二〇日第一版第一刷発行
著者――アラン・バディウ
訳者――近藤和敬・松井久
発行者――鈴木宏
発行所――株式会社水声社
東京都文京区小石川二―七―五　郵便番号一一二―〇〇〇二
電話〇三―三八一八―六〇四〇　FAX〇三―三八一八―二四三七
［**編集部**］横浜市港北区新吉田東一―七七―一七　郵便番号二二三―〇〇五八
電話〇四五―七一七―五三五六　FAX〇四五―七一七―五三五七
郵便振替〇〇一八〇―四―六五四一〇〇
URL : http://www.suiseisha.net
印刷・製本――精興社
ISBN978-4-8010-0384-2